Yak Rivais

Pratique des jeux littéraires en classe

9 à 12 ans

RETZ
1, RUE DU DÉPART
75014 PARIS

Coordination éditoriale : Marie-Hélène Roy
Conception et mise en page : Primart, Ulrich Meyer
Maquette : Claudine Piffero
Illustrations : Yak Rivais

SOMMAIRE

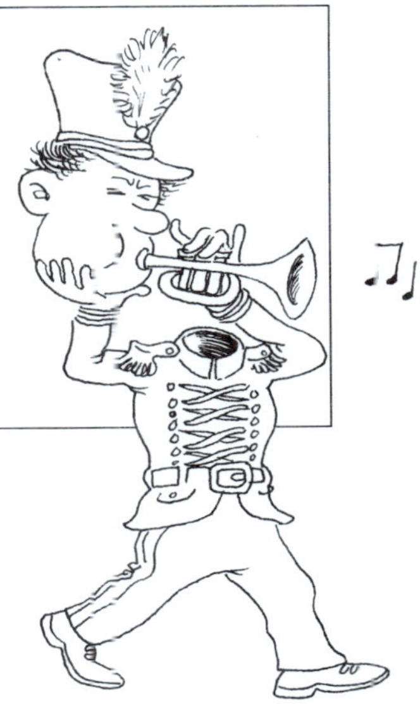

Avant-propos

Un écrivain,
c'est d'abord quelqu'un qui n'a rien à dire.
Alain Robbe-Grillet

Avoir une histoire en tête et la « raconter » ne relève pas de l'écriture d'écrivain, mais de celle d'écrivant (journalisme, essai, etc.). Écrire, c'est avoir appris à se débarrasser de tout ce qui risque d'entraver l'aventure ouverte par les mots.
La preuve est faite depuis longtemps dans les classes que les enfants placés en situation d'écrivants ne sont pas intéressés par l'écrit. Efforçons-nous donc de leur faire découvrir la situation d'écrivain. C'est dire qu'au lieu d'imposer (sous forme de « sujets » à traiter) l'écriture de rapports déguisés mieux vaudra leur faire découvrir le bonheur grisant d'inventer, quitte à recouper le « sujet » classique.
Développons l'imaginaire des enfants. A l'oral tout d'abord, pour faire participer toute une classe à l'élaboration d'une œuvre de base et mettre en commun les connaissances (et les manques), pour développer les spéculations, pour réamorcer la pompe à communiquer et faire de la culture une monnaie d'échange. Ensuite, dans la continuité, enrichissons l'écrit par des pratiques ludiques libératrices. Sans création, il n'y a pas d'écriture pour les enfants non plus.
Le langage de la poésie n'est plus lu, mais nous n'oublierons pas que pendant longtemps la structure poétique fut le moteur même de l'écrit. Les contraintes poétiques, aussi bien au plan culturel qu'au plan

psychologique, se révéleront encore propres à stimuler la parole de prose, qu'elle soit dite ou écrite.

Ce sont les mots qui doivent générer le texte, faire surgir des idées par la disruption des relations, par le carambolage des ellipses, de la lettre au texte. A cet égard, on ne perdra pas de vue que l'épanouissement du langage passe aussi bien par le travail de la lettre ou de la syllabe et du mot que par celui de la proposition ou de la phrase, et que vocabulaire, orthographe, grammaire, conjugaison ou rédaction forment un ensemble vivant qu'on doit pratiquer comme un tout, de sorte que ce qui soit acquis dans une discipline serve aussitôt dans l'autre.

Ce cahier d'exercices contient de nombreuses pratiques sur dix contraintes précises (voir le sommaire). Ces pratiques mettront en évidence des obstacles à surmonter pour une expression maîtresse de ses moyens, vers une communication plus nuancée, vers un épanouissement de l'imaginaire tant délaissé dans nos classes, et vers un goût de la spéculation sur les mots et sur les idées plus aventureux. Par le biais de contraintes simples, les enfants puiseront dans leur mémoire ce qu'ils avaient peut-être appris, mais laissé de côté faute de sollicitations (scolaires et sociales).

Ces exercices ne se feront pas sans l'ambition conjointe d'apporter aux élèves une culture plus riche… plus tôt. Si des enfants pratiquent un jeu littéraire par lequel un auteur s'est autrefois illustré (ou un jeu qui a marqué une époque), c'est alors, au-delà de la structure mise en œuvre, une forme de pensée qui inscrit ses faisceaux logiques dans les esprits, et qui deviendra formatrice. La langue développe et matérialise des relations entre ses éléments constitutifs, qui sont autant de supports susceptibles de servir ailleurs. Elle stimule l'intelligence. Nul doute que l'enfant maître d'une langue créatrice et imaginative ne devienne capable de transposer les réseaux relationnels à d'autres problèmes qui lui seront soumis.

La phrase a raccourci depuis le XVIIe siècle. Elle s'est affranchie de ses subordonnées tâtonnantes, elle a acquis des certitudes et s'est simplifiée. Elle joue d'être juxtaposée à ses sœurs, à l'imitation du langage cinématographique. Cependant, bien qu'elles aient disparu du langage courant, les subordonnées restent indispensables à la compréhension d'un discours, au moins dans les sous-entendus. Le travail du langage, le développement de l'imaginaire à partir du jeu et des mots sont plus que jamais nécessaires contre un risque d'appauvrissement relationnel d'abord, culturel ensuite. (Signalons au passage l'urgente nécessité d'éduquer l'œil, qu'il s'agisse d'enregistrer l'image fixe ou le film.)

La culture n'est pas un espace morne ; l'humour me paraît être une dimension non seulement propre à donner du jeu entre les rouages, mais encore apte à relier des rouages trop cloisonnés.

Les exercices de ce cahier ont été pratiqués principalement dans les classes de CM1 et 2 et de 6e-5e, avec quelques incursions dans les deux CE. Tous peuvent être pratiqués par des élèves plus jeunes ou plus âgés, et sont déclinables entre eux comme on le constatera. Leur combinaison est d'ailleurs souhaitable. Comment procéder ? Le magnétophone est l'instrument le plus simple à manipuler. (La vidéo est plus intéressante lorsque le travail du texte débouche sur l'image.) Sans magnétophone, on pourra travailler au tableau : c'est le maître qui écrira. (Les enfants participeront au brouillon, lors du travail collectif oral, mais pourront produire des textes individuellement.) On ne notera pas l'orthographe. (Dans les jeux où elle est essentielle, les élèves sauront en mesurer l'importance.)

Après un travail collectif oral ou écrit, on constatera que les élèves sont volontaires pour produire des textes, même des enfants réputés « en difficulté ». C'est qu'ils se retrouvent enfin, puisqu'ils mesurent la contrainte posée, en situation de réussite. Ils travailleront volontiers en groupes limités (deux ou trois élèves) ou individuellement.

Les exemples sont cités entièrement pour que l'on mesure les imperfections du travail brut, et pour qu'on comprenne également qu'elles ne ralentissent pas la progression du texte. Le passage à l'écrit entraîne des corrections différentes. Cependant, il convient de se persuader que lorsqu'un jeu travaille une difficulté, il n'est pas judicieux de s'attarder sur les autres erreurs : d'autres jeux permettront de les aborder ailleurs. (Sans toutefois atténuer la richesse des interférences et des complémentarités.)

Qu'on ne s'effraie pas du tour burlesque pris parfois par des textes. Se rappeler que le maître est là pour aider à matérialiser et mesurer les écarts avec d'autres tournures, et que cela fait partie de l'épanouissement culturel.

On ne pratiquera pas ces exercices « par-ci par-là » ou pour s'amuser en fin de trimestre. Ils sont les fondations d'un apprentissage différent du langage, non une distraction dans un univers de grisaille. J'ai indiqué, pour information, la durée de travail de chaque jeu, de sorte qu'on comprenne que ces exercices sont introducteurs, et non roues de secours ou décoration !

Attention !
Tous les exemples cités sont des points de départ d'exercices. En utilisant ces mêmes rampes de lancement, on obtiendra autant d'autres solutions qu'on voudra.

On trouvera cependant, au regard de chaque exemple, plusieurs points de départ différents, tous exploitables.

1

RYTHME COURT
3-4 ou 2 syllabes

1 **Voici un travail collectif au magnétophone** (durée 10-20 minutes) :

En allant
à l'école,
je marchais
lentement
en sifflant
quand je vis
mon copain
Frédéric
qui avait
ses chaussures
à l'envers.
Il sautait
à pieds joints,
tout content,
dans la rue.
Des enfants
ricanaient
bêtement
en montrant
Frédéric
aux passants.
Tout à coup,
il tomba
sur la tête.
Il pleurait
en criant :
– J'ai très mal
à la tête !
Ses copains
arrêtèrent
de sourire.
Ils coururent
près de lui
et ôtèrent
ses chaussures.
Et l'un deux
lui a dit :
– C'est malin
d'avoir mis
tes chaussures
à l'envers !
Frédéric
repartit
tout joyeux
pour l'école
en chantant
« C'est le roi
Dagobert
qui a mis
ses chaussures
à l'envers » !
CM2 ZEP
Cherbourg

Relire ensuite le texte sans tenir compte du rythme.

2 **La contrainte**

Vous dites : *« En allant... ».* Les enfants proposent une suite, mais chaque proposition est limitée à 3 syllabes. En outre, un enfant ne donne pas deux solutions consécutives. On enregistre.

Le groupe (ou la classe) invente l'histoire. Les participants anticipent constamment et spéculent sur les suites potentielles ; chaque intervention successive remet tout en question, entraîne un nouvel éventail de spéculations de la part de chacun.

En cours de travail, on fera respecter la règle classique (E s'entend devant une consonne mais pas à la fin du groupe de 3 syllabes). On rappellera les enjeux de l'histoire en cours, on ne laissera pas rejeter les informations entrées, on préparera une fin.

3 Ce travail peut être effectué par des enfants d'âges très différents.

Voici un exemple par une classe de 6e renforcée d'une demi-classe de 3e :

En allant/au marché/j'ai volé/une orange/une pomme/
quand soudain/le marchand/me surprit/et cria :/
– Au voleur ! /
Je m'enfuis/en courant/sous la pluie/
torrentielle/mes deux fruits/dans les mains./
Le marchand/me suivit/
en criant : /
– Rendez-moi/mon orange/
et ma pomme/ou j'appelle/la police ! /
J'avais faim./J'ai mangé/mon butin/
et je suis/reparti/chez maman. /
Cependant,/le marchand/sous la pluie/
m'avait vu/déguster/ses deux fruits. /
Il grognait,/grimaçait,/
rugissait/méchamment/en courant/
dans les flaques./Il glissa/
sur l'écorce/de l'orange/que j'avais/balancée/
dans la rue./
Entre-temps,/un gendarme/arriva/,
par hasard./Étonné/
par la scène/qu'il voyait/il aida/le marchand/à se mettre/
sur ses pieds./ Celui-ci/expliqua/ses malheurs./ Profitant/de sa chute,/ je tournai/
vers la gauche/dans la rue/des Rosiers. /Je trouvai/un refuge/dans la cour/
d'un immeuble/déserté. /Et personne/ne me vit./
Conclusion : /J'ai bien fait/de voler/ces deux fruits/ : ils étaient/délicieux.

4 Il sera souvent utile de combiner des jeux

Le changement de contrainte entraîne un redéveloppement du sujet. (Le texte obtenu servira éventuellement ensuite de sujet à une rédaction individuelle.)

Voici, par le même groupe d'élèves de 6e et 3e, la même histoire reprise sous une forme *rhomboïde* (phrases d'un à dix mots, puis retour à un mot). On observera comment l'aventure fut développée au-delà de ses premières limites :

– Attention !
Un voleur !
Ce jeune homme !
– Qu'a-t-il fait ?
– Il a volé des fruits !
Ce petit garnement s'est échappé !
Il court vers la ruelle des Rosiers !
– Je vais essayer de rattraper ce petit voleur !
Alors le gendarme prit ses jambes à son cou.
Il était suivi de près par le marchand de fruits.
Je grimpai les escaliers poussiéreux de l'immeuble déserté.
Je me suis caché dans une pièce sombre.
J'entendais les pas de mes poursuivants.
Mon sang bouillonnait dans mes veines.
Affolé, je cherchai une issue.
J'aperçus une trappe.
Je m'y faufilai.
Enfin libre !
Sauvé !

Un CM (d'une ZEP) ayant produit un texte lui trouva un titre, et reprit l'histoire de sorte que les phrases commencent par les lettres du titre, en ordre (*acrostiche de prose*, voir ce jeu au chapitre 5) :

En allant/au marché/j'ai trouvé des souliers dans la rue. Ils volaient au-dessus du trottoir. J'ai couru derrière eux en sautant et j'ai pris les chaussures dans mes mains. Aussitôt, les souliers m'ont parlé :
– Laisse-nous étranger ! Nous devons partir loin sur une île !
– Je vous suis, ai-je dit. Allons-y !
Et ensuite nous volâmes dans le ciel droit devant vers le nord vers une île magnifique.

Même texte : LES SOULIERS

Lundi dernier je me promenais dans la rue. **E**n courant, j'ai vu des souliers bizarre. **S**oudain ils se sont envolés. **S**aperlipopette ! **O**ù allaient-ils donc ? **U**ne voix me répondit.
– **L**âche-nous ! **I**l faut que nous partions sur notre île !
– **E**h bien, emmenez-moi avec vous !
Rapidement, nous nous envolâmes. **S**ur notre île lointaine, nous atterrîmes enfin.

AUTRES INCIPIT
Un marchand
Superman
Le docteur
Un cycliste
Un voleur
Un soldat
Dans ma chambre
A l'école
J'ai mangé
En buvant
Mon cousin
Un garçon

A partir d'un premier texte rythmé, un autre CM1 échafauda ce *dialogue abécédaire* (voir ce jeu au chapitre 6) :

Un matin/un garçon qui allait à l'école eut soudain un malaise dans la rue. Il tomba sur la tête et il eut mal au crâne. Un monsieur qui avait une barbe est venu pour l'aider et lui dit :
– As-tu mal mon garçon ? Lève-toi, fais-moi voir tes oreilles.
Le garçon répondit :
– J'ai mal à cet endroit.
Il montrait de la main son visage, qui saignait. Le monsieur l'emmena chez son père. L'enfant dit :
– J'ai très mal à la tête. Téléphone au docteur pour qu'il vienne me soigner.
Le docteur arriva aussitôt. Il ouvrit sa mallette, en sortie un bandage, qu'il plaça sur le front du blessé. Le docteur constata qu'il n'avait pas grand-chose. Il partit, laissant le blessé qui allait mieux.

Même thème, l'acrostiche abécédaire (dialogue médecin-enfant, par la même classe) :

– **A**s-tu mal mon garçon ?
– **B**eaucoup, à la tête.
– **C**e n'est rien ; d'où vient cette douleur ?
– **D**e la tempe droite.
– **E**st-ce que tu as mal quand j'appuie là ?
– **F**ranchement oui, ça me brûle.
– **G**rand veinard, tu n'as rien à la tempe.
– **H**eureusement, mais j'ai la tête qui tourne.
– **I**l vaudra mieux te reposer.
– **J**e pourrai aller à l'école demain ?
– **K**.O. comme tu es, il ne vaudrait mieux pas.
– **L**a plaie se cicatrisera-t-elle vite ?
– **M**ais oui !
– **N**e me mentez pas.
– **O**ui, je te l'assure.
– **P**ourrai-je me baigner dimanche ?
– **Q**uand tu voudras.
– **R**eviendrez-vous me voir ?
– **S**ans doute pas, car tu n'as rien de grave.
– **T**out va bien alors ?
– **U**n garçon comme toi, c'est costaud !
– **V**ous êtes bien aimable.
– **W**illiam, mon fils, t'apportera tes devoirs ce soir.
– **X**avier viendra sûrement aussi.
– **Y** a-t-il encore quelque chose que je puisse faire pour toi ?
– « **Z**orro » passe sur la première chaîne ; pouvez-vous allumer la télévision ?

AUTRES INCIPIT
Cher monsieur (*lettre*)
Je voudrais
Si j'avais
Auriez-vous
J'aimerais
Pourriez-vous
Savez-vous
Ce lundi
Mercredi
Vendredi
A 5 heures
Un dimanche
Une nuit
Quand ma mère
Quand ma lune
A minuit
Un chat noir
A l'école

Au jardin
Au zoo
Le chanteur
Le docteur
L'infirmière
En poussant
En Bretagne
En dessin
Au collège
Aux « infos »
Le soleil

Trois exploitations par un cours moyen 1-2 :

Ce matin/au marché/j'ai vendu/un poulet bien grillé qui coûtait vingt-cinq francs. Le monsieur qui m'avait acheté ce poulet est parti dans la rue. Tout à coup, le poulet s'envola vers le ciel en rasant les toitures des maisons. Le client étonné regardait son poulet s'en aller. Il alla doucement demander du secours à l'agent de service, et lui dit :

– J'ai perdu un poulet bien grillé et je viens déposer une plainte contre le commerçant.

– Dans ce cas, répondit le gendarme, il faudra rechercher le poulet ou alors le marchand devra vous rembourser.

Résumé du même texte aussitôt par une équipe de cinq enfants (chacun sa phrase) :

Ce matin au marché, j'ai vendu un poulet bien grillé qui coûtait vingt-cinq francs. Le client est parti avec son poulet sous le bras. Mais le poulet s'est envolé vers le ciel en poussant des cocoricos. Le client surpris a porté plainte contre moi. Je lui dois vingt-cinq francs.

Troisième exploitation du sujet par la même classe.
Il s'agit d'enchaîner les phrases de telle sorte que la dernière lettre d'une phrase soit également la première lettre de la suivante :

Ce matin au marché, j'ai vendu un poule**t**. **T**out à coup, le poulet s'est envolé vers le cie**l**. **L**e client est allé voir un gendarme.

– Écoutez, j'ai perdu mon poule**t**. **T**out a commencé quand j'ai acheté cette volaille à ce monsieu**r**. **R**entrant chez moi, je suis tombé et le poulet s'est envol**é**. **E**t pourtant il paraissait bien grill**é**.

– **E**st-ce que vous vous moquez de moi ? demanda le gendarme très surpris...

5 Dès qu'ils ont compris la règle du jeu, les enfants sont capables de produire des textes par équipes réduites (deux ou trois élèves) et même individuellement.

Cet énoncé de problème (sur un rythme de 4 syllabes) est l'œuvre d'une fillette de CM1 :

Maman achète/un lot de trois/crayons qui coûtent/
quatorze francs,/cinq cahiers grand/format qui coûtent/
six francs cinquante/l'un et cinq gommes/qui coûtent trois/
francs dix chacune,/ vingt-cinq stylos/de toutes les/
couleurs qui coûtent/cinq francs dix l'un,/ six stylos
feutres/qui coûtent sept/francs vingt-cinq l'un./
Combien a-t-elle/donc dépensé ?/
Maman avait/quatre cents francs ;/combien lui rend/
donc la caissière ?

AUTRES INCIPIT
Un champ carré
Un boulanger
Un gâteau coûte
Un camionneur
Un train arrive
Un robinet
Un avion vole
Un marchand vend
Un sac de blé

On pourrait encore écrire des lettres, des cartes postales, des articles de journaux (vrais et faux), de la publicité, des interviews, des textes documentaires, etc., et même des textes rimés, comme celui-ci (par deux élèves de CM1) :

En allant
chez maman,
j'ai trouvé
un balai
transformant
tous les gens
en crapauds
très idiots.
j'ai été
affolé.
J'ai couru
dans la rue
en criant :
– Viens, maman !
J'ai très peur
de l'horreur !
– Maintenant,
dit maman,
il faudrait
arrêter
tout de suite
ta poursuite.
Je réponds :
– Non et non !
Je la change
en mésange.
Elle vole
à l'école
et s'accroche
à la cloche.
Moi je cours
dans la cour.
Je rechange
la mésange
et ma mère
est en l'air,
accrochée
au clocher !

AUTRES INCIPIT
Un clochard
Le métro
Un ballon
Mon manteau
Dracula
Ma casquette
A la chasse
En voyage
En Espagne
A la neige
La tempête

6 D'autres rythmes brefs ont des effets comparables au rythme trisyllabique, bien que celui-ci soit plus spontané.

Ce sont le rythme *bisyllabique* et le rythme *quadrisyllabique*. Pour travailler ces rythmes, on procédera comme pour le trisyllabique. Voici un exemple de rythme bisyllabique réalisé par deux enfants de CM1, sans aide :

Un chien
et un
petit
chat noir
étaient
perdus.
Le chat
n'avait
plus de
maman.
Le chien
était
un vieux
chien-loup.
Le pauvre
vieux chien
était
perdu
aussi.
C'est pour
ça que
le chat
et puis
le chien
s'entendent
très bien.
Ils jouent
souvent.
Ils mangent
ensemble.
Ils se
promènent
un peu
partout
en ville.
Ils sont
heureux.
Et ils
partirent *(hélas, changement de temps !)*
en Chine.

AUTRES DÉPARTS
Mon chat
Mon chien
L'auto
L'oiseau
Un cygne
Le loup
La fée
La dame
Mon frère

Voici un rêve, par un enfant de CM1 :

Cette nuit, /à l'école/sur un arbre/haut perché/un oiseau/aux yeux noirs et aux ailes rougeoyantes s'étalait pour mourir doucement. Un miracle arriva « sur » le pauvre animal qui soudain se leva, remua. Puis sa tête regarda le ciel bleu et l'oiseau prit son vol. Je souris « de » le voir si heureux. « Puis enfin », très content, je me couchai *(ici, une erreur : 4 syllabes)* pour dormir. Le matin, je me levai *(autre erreur)* pour le voir sur son arbre haut perché : dans son nid, il avait « fait » des œufs.

AUTRES INCIPIT
Dans un rêve
J'ai rêvé
Je dormais
En dormant
Dans mon lit
J'imagine
Quand je dors

Par une autre élève (également seule), un travail écrit spontanément qu'on n'aurait sûrement pas obtenu en proposant une rédaction ayant pour sujet « Tu reçois des amis chez toi » !
La contrainte rythmique est évidemment le moteur constructif du texte.

Un beau jour / j'invitai / mes copines / à ma fête. /
Étonnées / de revoir / ma maison / décorée /
de ballons / si jolis, / elles firent / à ma mère /
et à moi / de gentils / compliments. /
Elles dirent / à ma mère : /
– Pouvons-nous / écouter / la radio ?
– Mais bien sûr, les enfants, vous venez chez ma fille
pour jouer et pour vous amuser.
Elles mirent tout de suite la radio et dansèrent l'ancien
jazz. A 3 heures et demie, les fillettes dégustèrent
un gâteau aux framboises. Le goûter terminé,
les fillettes regardèrent un dessin animé vidéo.
Vers 6 heures, les enfants s'en allèrent, emportant
avec elles des bonbons.
Je m'étais super bien amusée.

AUTRES INCIPIT
Chez ma tante
Ma grand-mère
Ma voisine
Un dragon
Un fantôme
Un gros ogre
Un lutin
Une fée
La sorcière
Au château
Un vieux diable

7 Ce qui ne veut pas dire qu'on ne puisse pas imposer le sujet !

Sur « Les dents », suite à la visite d'une exposition sur l'histoire de la dentisterie, une élève a écrit ceci :

Nous avons
des molaires,
des canines,
et puis des
incisives. La carie est la pire ennemie de la dent.
C'est un trou qui traverse la couronne, de l'émail
à l'ivoire. Elle fait mal au nerf. Le dentiste examine
la mâchoire. Il nettoie notre dent et la plombe d'amalgame.
Il nous dit :
– Lavez bien vos quenottes tous les jours ! Et surtout ne
mangez pas beaucoup de bonbons !
Les dentistes sont utiles...

AUTRES INCIPIT
Le lapin
Les têtards
Les insectes
La chenille
L'escargot
Le rectangle
Le triangle
Le carré
Les solides
Les liquides

8 Toutes les formes d'écriture sont possibles.

Voici un dialogue (collectif) par une classe de CM1-2 :

– Donnez-moi/des légumes/des carottes, des endives, des poireaux, des tomates, du poivron, des oignons, des choux-fleurs s'il vous plaît.
– Oui monsieur. Servez-vous. C'est à vous de choisir vos achats.
– C'est bien cher, ces carottes !
– Comment ça ? Regardez ! Ces carottes sont bien mûres, délicieuses ! Elles viennent de Bretagne !
– Mais pourquoi de là-bas ?
– Parce qu'elles sont meilleures.
– J'en prendrai un kilo et aussi des poireaux du Poitou.
– Mais combien ?
– J'en veux six, des poivrons s'il vous plaît. Mettez-moi des tomates assez grosses et bien mûres. C'est combien ?
– Trente francs le kilo.
– C'est beaucoup ! J'en voudrais 500 grammes.
– Oui monsieur. Les voici. Quoi encore ?
– Je voudrais six oignons, des olives, mais des vertes.
– Mais lesquelles voulez-vous ? D'Italie ? Du Maroc ? Du Brésil, de l'Espagne, ou de Grèce ?
– Je préfère les moins chères.
– Prenez donc celles-là.
– C'est combien, pour le tout ?
– Ça fera sept et huit, quatre et dix, douze et treize, et plus deux, au total : deux cents francs.
– Mince alors ! C'est trop cher ! Je les laisse ! Au revoir !

AUTRES DÉPARTS
En marchant
A la fête
En rangeant
Sur la plage
Dans la rue
Dans les bois
En sortant

9 A partir du rythme pentasyllabique, le jeu est modifié.

En effet, des phrases ou des propositions pouvant s'élaborer entièrement sur ce rythme, les spéculations des enfants changent alors de nature. Mais on procédera de la même manière pour obtenir des textes intéressants.
Voici un exemple, par un élève seul :

Martin arriva
dans la grande école
avec du retard.
Il se fit gronder
par l'instituteur
et il s'énerva.
Une vieille entra
dans l'école et vit
Martin qui pleurait.

Elle avait très faim,
emporta Martin
dans un sac marron.
Martin fit un trou
dans le vilain sac
et quand la sorcière
voulut s'envoler,
Martin atterrit
dans le caniveau.

10 Pour débuter en douceur

– Magnétophone à la main, demander aux enfants des morceaux de phrases (sans suite entre eux) sur 3 syllabes :

Ça va bien ? / Où vas-tu ? / A demain ! / Au revoir ! / Que dis-tu ? / Et ta sœur ? / Viens ici ! / Va là-bas / Attends-moi ! / etc.

– Rechercher des mots de 3 syllabes (le E final ne s'entend pas) :

gentiment / calmement / doucement / attention / magnifique / merveilleux / formidable / éléphant / crocodile / caramel / etc.

– Accepter des mots qui vont par deux :

tableau noir / règle plate / cheval blanc / souliers neufs / etc.

– Rechercher des mots qui riment, sur 3 syllabes :

marécage / jardinage / camionnette / savonnette / fantastique / élastique / tristement / méchamment / saxophone / téléphone / etc.

– Jouer sur le passé composé (toujours 3 syllabes) :

J'ai cassé / J'ai chanté / J'ai porté / J'ai reçu / J'ai fini / etc.

– Rechercher des mots de 2 syllabes avec articles :

un bateau / des chapeaux / une table / la trompette / le château / etc.

– Enchaîner les mots par le son comme dans le jeu de marabout, sur un rythme trisyllabique (si possible) :

Monument / menthe à l'eau / halogène / général / rallumer / mériter / etc.

– On fera aussi des phrases (au lieu de textes) sans se préoccuper, dans un premier temps, de les relier entre elles :

> *A l'école / il y a / des enfants / qui travaillent / tous les jours / et qui font / quelquefois / du théâtre...* (CE1)

– On fournira des incipit (rappelons qu'un même incipit permet de produire bien des textes différents).

11 Comment procéder

A. *Exercices collectifs* :

Donner l'incipit, enregistrer les propositions des enfants une à une au magnétophone. Lorsqu'il y a plusieurs propositions, choisir ou faire choisir. Ne pas remettre en cause ce qui a été enregistré : on devra poursuivre l'histoire avec. Ramener dans le récit de temps en temps les éléments narratifs qui y ont été introduits et que les enfants risqueraient d'oublier. Rappeler aussi la situation des personnages. Aider à préparer une fin.

B. *Travail individuel* :

Les enfants viendront vous consulter sur les problèmes d'articulations, ou lorsqu'ils ne sont pas sûrs du nombre de syllabes.

2

CALLIGRAMMES mathématiques et grammaticaux

1 . Calligrammes mathématiques

1 Voici un calligramme collectif

fait simultanément au tableau par le maître et sur feuille par les élèves (durée 25-30 minutes) :

2 La contrainte

Réclamer des mots en précisant le nombre de lettres. Pour articuler les nouveaux à ceux déjà placés, annoncer également par quelle lettre le nouveau mot doit commencer. On sera parfois obligé de dire par quelle lettre le mot devra commencer, le nombre de lettres, ainsi que la lettre terminale.

(Pour le calligramme de la page précédente, le point de départ était le mot « commence », à gauche.)

Une fois le travail collectif réalisé, les enfants produiront facilement d'autres œuvres, plus modestes d'abord. On facilitera leur travail en dessinant un schéma directeur. Exemple :

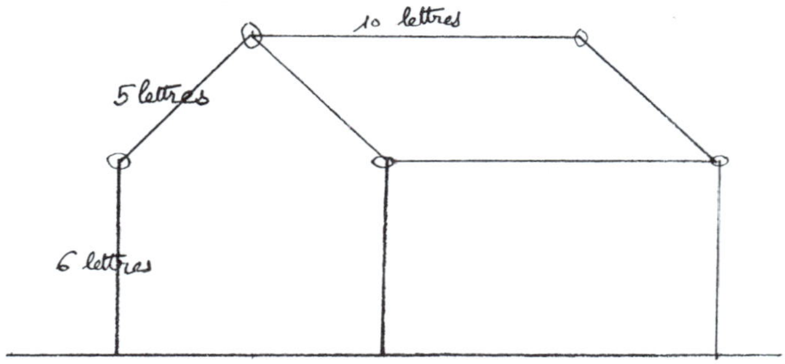

On pourra dessiner autre chose que des bâtiments.

3 Le jeu peut être pratiqué du CP (avec aide) à la terminale !

4 La contrainte, combinée à d'autres, permettra de varier les difficultés et les enjeux.

Par exemple, on échafaudera :

– *des maisons faites de mots sur un thème :* la nature, la ville, les transports, la mer, les animaux, etc.

– *des maisons sur des catégories grammaticales :* maisons de noms communs, de verbes conjugués, de verbes à l'infinitif, d'adjectifs qualificatifs, d'adverbes, de noms propres (avec dictionnaire dans ce cas), de noms composés, de participes présents et passés, etc.

– *des maisons de mots comportant obligatoirement une lettre,* ou de mots ne renfermant pas une lettre…

– *des maisons de phrases.*

Quelques travaux individuels (CM1) :

maison de noms communs

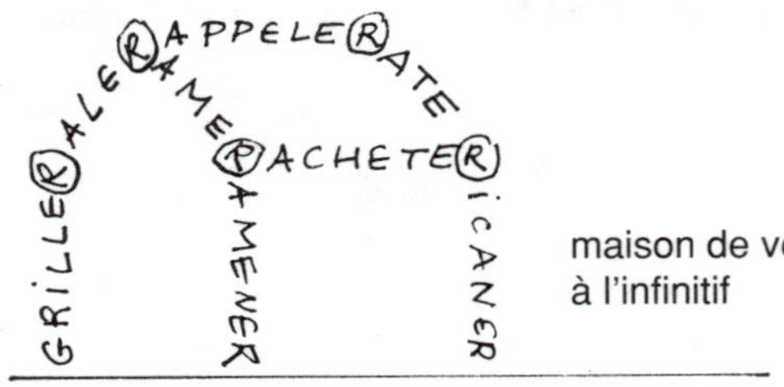

maison de verbes à l'infinitif

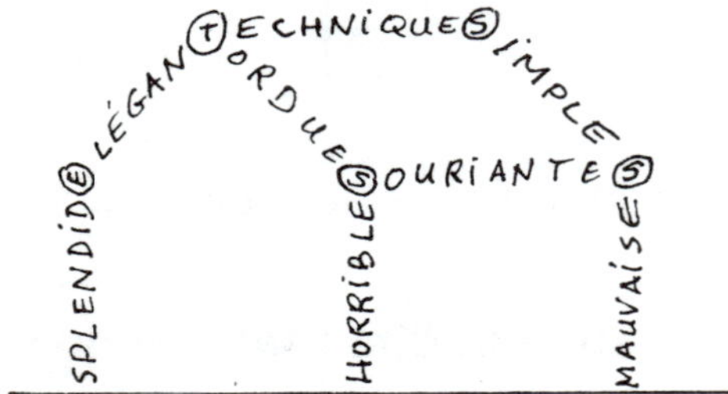

maison d'adjectifs qualificatifs

avec des participes présents

noms propres (avec dictionnaire)

5 **Voici plusieurs calligrammes réalisés collectivement** par une classe de CM2 :

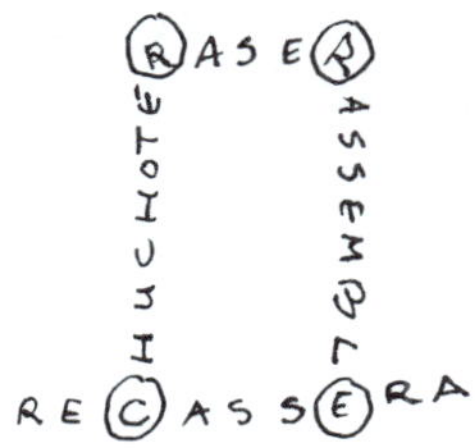

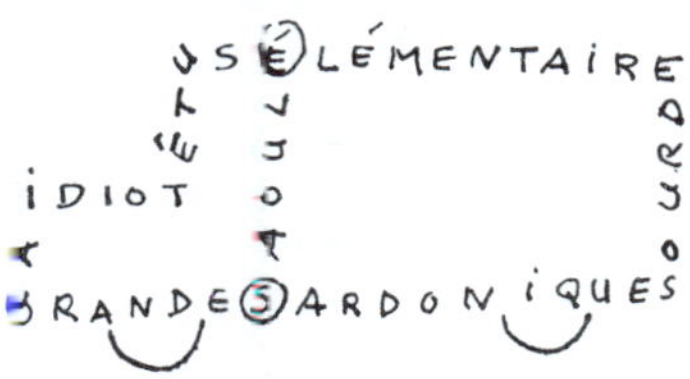

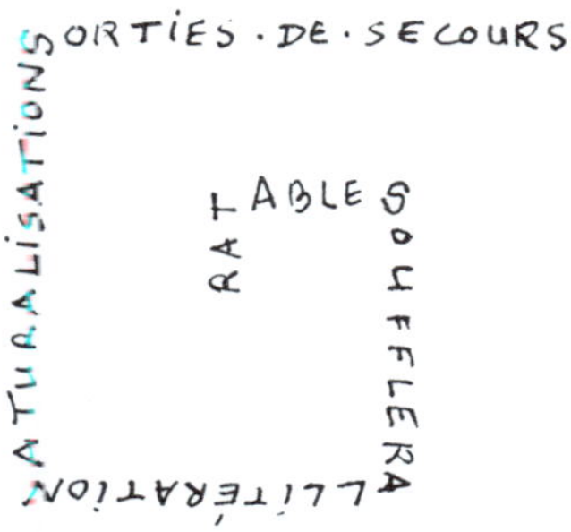

6 **Il est également possible de jouer à compter les lettres** des mots à trouver à partir d'un point central.

Le sapin ci-dessous imposait la recherche de mots d'un nombre impair de lettres, ayant telle ou telle lettre au centre pour croiser la phrase verticale « Mon beau sapin, roi des forêts ».

Ce sapin et les poissons sont les œuvres de deux classes de 6e :

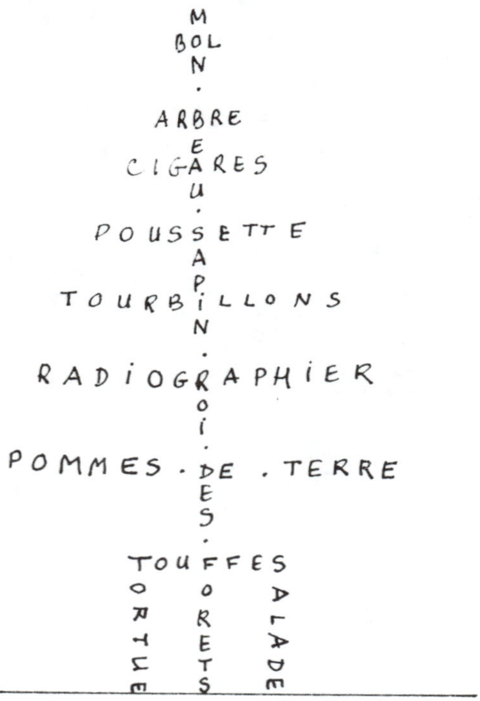

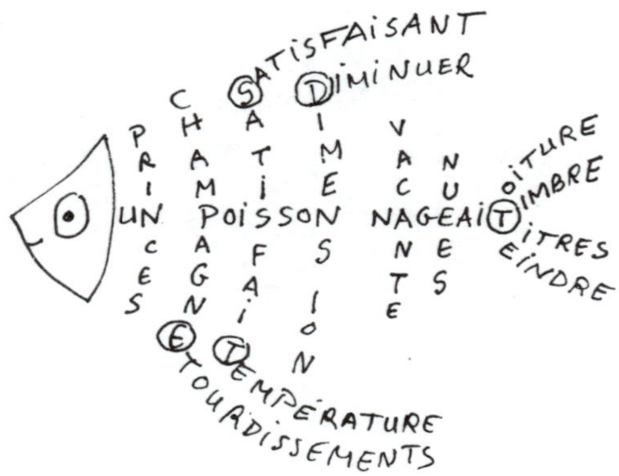

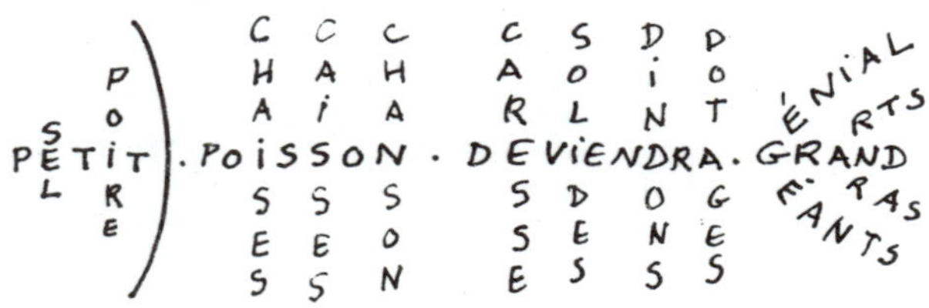

7 Le calligramme s'appuiera volontiers sur une figure géométrique

Voici quelques réalisations individuelles par des élèves de CM1, à partir de schémas :

verbes conjugués

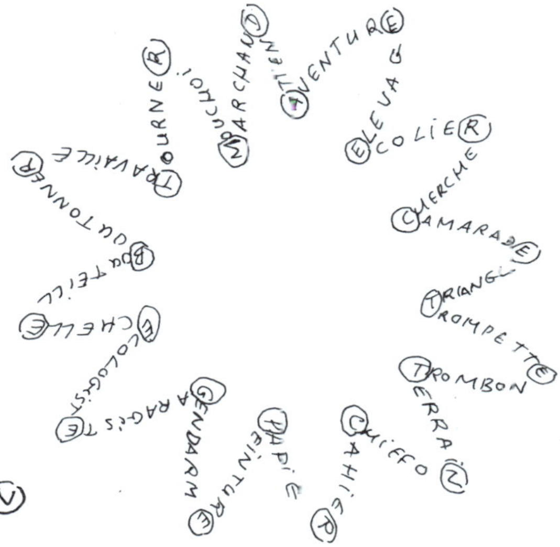

uniquement des verbes

8 La production de chaînes reconduit l'image mathématique :

1. Chaîne de mots :

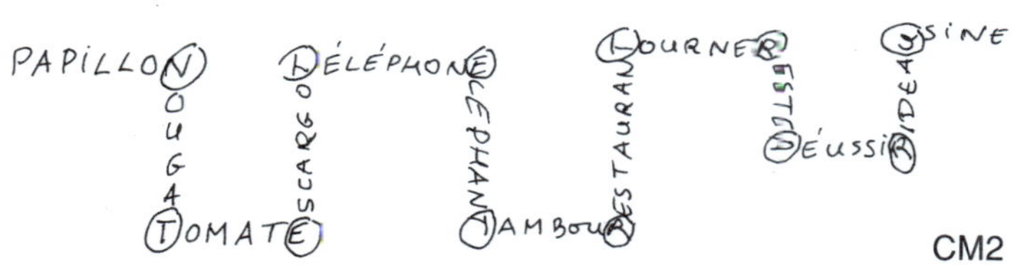

CM2

2. Même chaîne (qui peut revenir pour boucler) avec des mots comportant un même nombre de lettres :

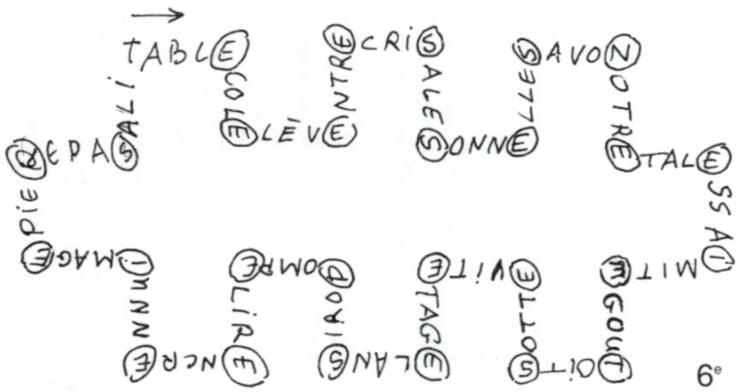

6e

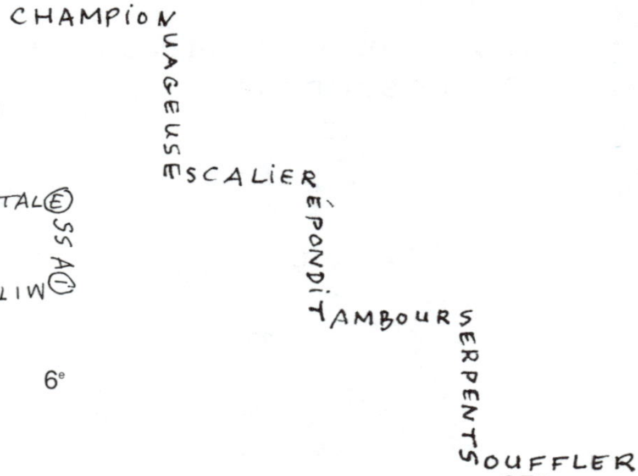

CE2

La recherche de mots à enchaîner (dernière lettre/première lettre) peut être disposée autrement :

a	**s**alle à mange**r**
an	**r**oute nationale
non	école de musique
nain	espace non-fumeur
notre	recette de cuisine
étoile	entrée des artistes
étrange	stationnement payant
étranger	tire-toi de là, idiot !
rattraper	train à grande vitesse
renseigner	êtes-vous allé au ciné ?
respiration	
nationalités	
soustraction**s**	

On peut même enchaîner les mots de 2 en 2 lettres, ou de 3 en 3 :

u**n**	a	bo**l**
nul**s**	ara	loutre
sorti**r**	autos	éléphants
retirons	sourdes	soustraction
souterrain	sympathie	note de musique
etc.	etc.	etc.

9 **Au lieu d'enchaîner les mots bout à bout par une lettre commune, essayons de les aligner par une lettre centrale :**

sec
sel
net
des
prête
scène
sucette
revenir
ficelle
recevra
vedette
poubelles
rondelles
sonnettes
casseront
glisserions, etc.

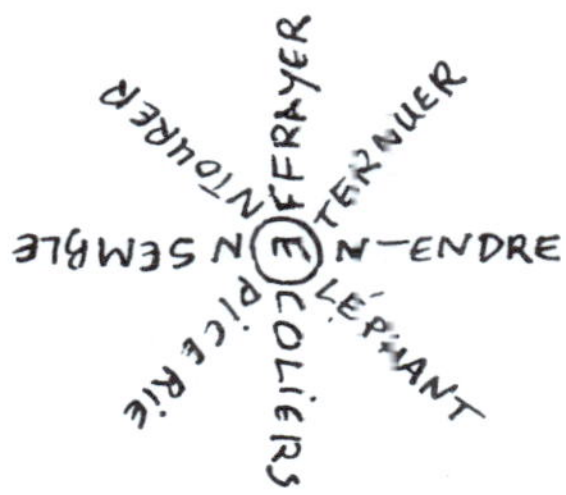

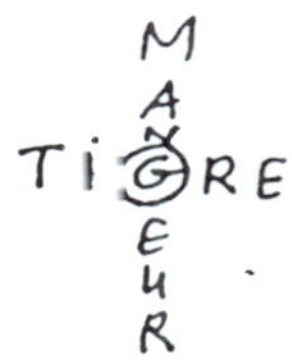

10 **Connaissant le nombre de signes du diamètre, écrire un texte en rapport avec celui-ci sur la circonférence** (durée d'un exercice : 10-15 minutes).

Écrire les phrases proposées au tableau, compter les signes : les enfants font alors de nombreuses corrections, jusqu'à réussite. C'est évidemment ce travail de recherche – très motivé – qui importe le plus. Voici quelques exemples par des classes de CM1, CM2, et 6e :

diamètre : 19 signes
circonférence :
19 x 3,14 = 59,66
soit : 60 signes, avec passages obligés par A et E

diamètre : 17 signes
circonférence :
17 x 3,14 = 53,38
soit : 53 ou 54 signes, avec passages par J et C

diamètre : 15 signes
circonférence :
15 x 3,14 = 47,10
soit : 47 signes, avec passages par L et E

Après avoir proposé la phrase du diamètre, les enfants eurent l'idée de parler du conte d'Andersen :

diamètre : 28 signes
circonférence : 87,92 signes
soit : 88 signes
répartis en deux phrases de 43 signes, plus le point.
Passages obligés : L et .

CM1

11 Le calligramme géométrique peut se doubler de l'interdiction d'employer une lettre (lipogramme).

Voici une maison et un bateau sans E, mais il vaudra mieux commencer par s'interdire d'autres lettres – ou s'imposer la présence d'une lettre dans tous les mots.

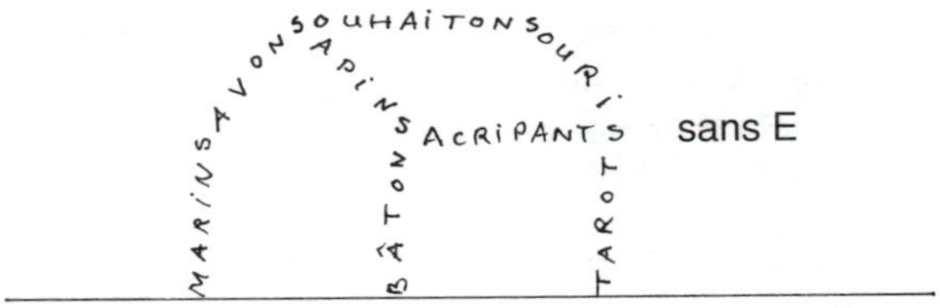

sans E

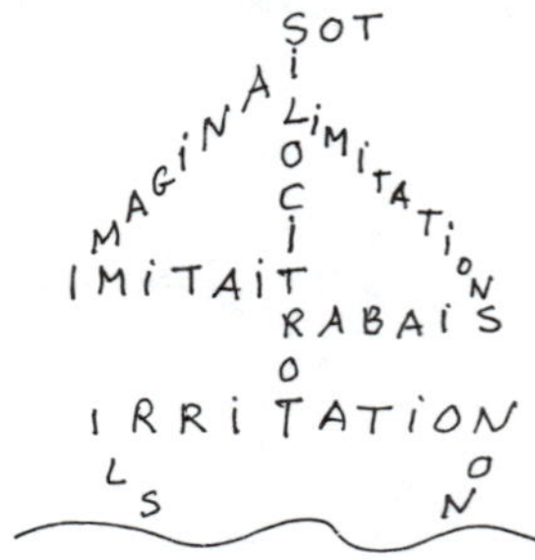

sans E

Le même jeu concernera la phrase. Des élèves de CM2 ont bâti cette maison. La première phrase proposée, « Ma sœur a la grippe », a servi de sujet :

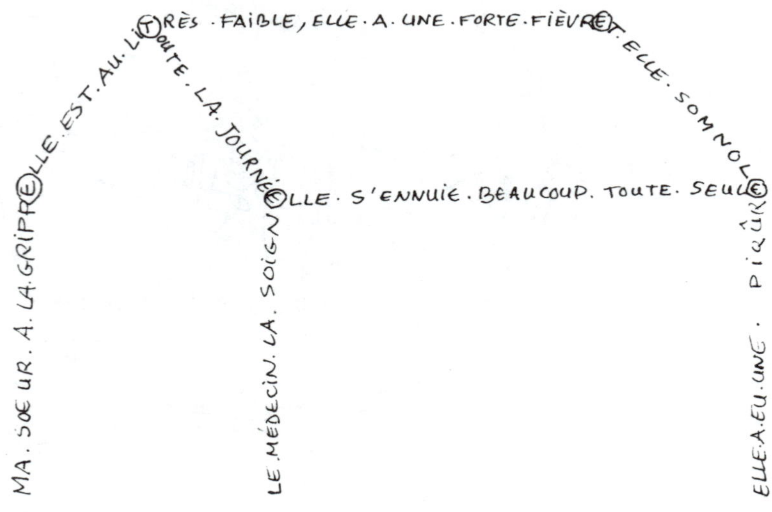

Jeu intermédiaire : la maison se compose de phrases sans rapports entre elles. (Pour ce jeu, la recherche de phrases en s'interdisant ou en s'imposant une lettre n'est pas recommandée sans entraînement !)

12 La spirale mathématique

En comptant soit les mots, soit les lettres, soit les syllabes, elle permet de rédiger collectivement des textes suivis :

En route!

Montons dans la voiture!

La valise est-elle bien fermée?

Avons-nous pensé à emporter tous nos jouets?

Oh zut! j'ai oublié mon lapin et mon nounours!

Ne nous disputons pas dans la voiture pour ne pas déranger papa.

"Je n'ai pas regonflé les pneus, dit mon père, nous risquons de crever".

Nous dormirons peut-être sous une tente bleue et verte ou dans un hôtel 4 étoiles.

En chemin, nous mangerons peut-être des frites, un steack haché et une île flottante à la cafétéria.

Les enfants sont très contents de partir parce qu'ils vont à la mer faire de beaux châteaux de sable.

AUTRES DÉPARTS

2 mots :

Il pleut !
Au revoir !
Le chat
La neige
En hiver
Le soleil
Au printemps
La fête
Un mariage
L'oiseau
En vacances
Le médecin
Un cadeau
Un accident
Un portrait
Un paysage

2 syllabes :

Bonjour !
Voyez !
Quel temps !
Tu dors ?
Viens donc !
Qu'as-tu ?
Viens voir !
Entends !
Ça va ?
Dehors
Pourquoi ?
La mer
L'enfant
Le nid
Maman
Papa

Voici une autre disposition, non calligraphique, par une élève de CM1 :

EN VACANCES.

Je dors le matin.
Je prends le petit déjeuner tard.
L'après-midi je joue sur le sable.
Je me baigne avec ma petite sœur et mes parents.
Je rentre ensuite à l'hôtel pour me laver et me changer.
Nous jouons, ma petite sœur et moi, dans le jardin fleuri jusqu'au dîner.
Puis nous regardons la télévision avec des amis jusqu'au moment de nous coucher pour récupérer.
Pendant ce temps-là, mes parents sortent dîner avec leurs amis au restaurant pour s'amuser tous ensemble.
Voici une journée de vacances bien tranquille, de ma famille ; nous aimons tous les vacances au bord de la mer.

Il s'agit ici de la table de multiplication par 2, et l'écriture a été produite en comptant les mots. Le jeu intermédiaire que j'évoquais dans le paragraphe 11 est également possible ici, en demandant des phrases d'un certain nombre de mots, mais sans suite.
Voici des phrases imaginées par des enfants de CE1 à partir de cette consigne :

2/Je chante. (Laura)
4/Je casse un verre. (Claire)
6/J'ai attrapé un poisson rouge. (Benjamin)
8/Je joue dans le jardin avec mon chat. (Laura)
10/Je suis en train de me promener avec mon ami. (Frédéric)
12/Pourquoi veux-tu me voler mon chat puisque tu en as un ? (Claire)
14/Je vais faire du ski à la montagne avec mon papa et ma maman. (Jeanne)
16/Mon frère est le premier de sa classe ; il est bon en mathématiques et en dictée. (Benjamin)

18/Ma sœur m'a demandé de l'aider à faire ses devoirs parce qu'elle ne comprenait pas. (Myriam)
20/Aujourd'hui, je suis allée dans le jardin et j'ai aperçu un souriceau qui mangeait du pain et du fromage. (Laetitia)
22/Un petit Chinois à Pékin regarde les magasins d'éventails précieux pour en acheter à sa femme et à ses grandes filles. (Esther)

13 Cas particulier du jeu : la forme géométrique est remplie par les phrases.

Par exemple, en ajoutant un mot par phrase, on obtiendra une construction pyramidale, et en redescendant, la forme rhomboïde :

Salut !
Ça boume ?
Pas mal, mec !
C'était génial hier !
J'ai organisé une soirée.
Les filles n'étaient pas mal.
J'ai mangé du gâteau au chocolat.
Il y avait de très bons Smarties dessus.
J'ai dansé le rock avec les jolies filles.
Mon père était très jaloux de moi avec ma fiancée.

Horreur !
Un dragon !
Il est noir.
Il crache du feu.
Il a des ailes vertes.
Ses yeux brillent dans le noir.
Il aime bien croquer les petits garçons.
Il écrase les maisons sous ses grands pieds.
Il fait peur à tous les habitants du village.
Les gens du village jettent de l'eau sur lui.
Ils appellent l'armée pour tuer le dragon vert.
Des soldats bien armés arrivent au village.
Ils essaient de capturer le monstre furieux.
Ils jettent un filet sur lui.
Le dragon féroce se débat.
Il enflamme le filet !
Il s'enfuit !
Il court !
Zut !

Beaucoup d'autres figures géométriques sont faciles à remplir en comptant les signes, les syllabes ou les mots.

14 Et si, au lieu d'enchaîner les mots bout à bout par les lettres terminale et initiale, nous les enchaînions par croisement ?

Les enfants se livrent alors à de multiples spéculations avant de trouver des solutions satisfaisantes.

– *Premier jeu facile : mots sans suite logique.*

Mais une catégorie grammaticale a été ici imposée, celle des adjectifs qualificatifs :

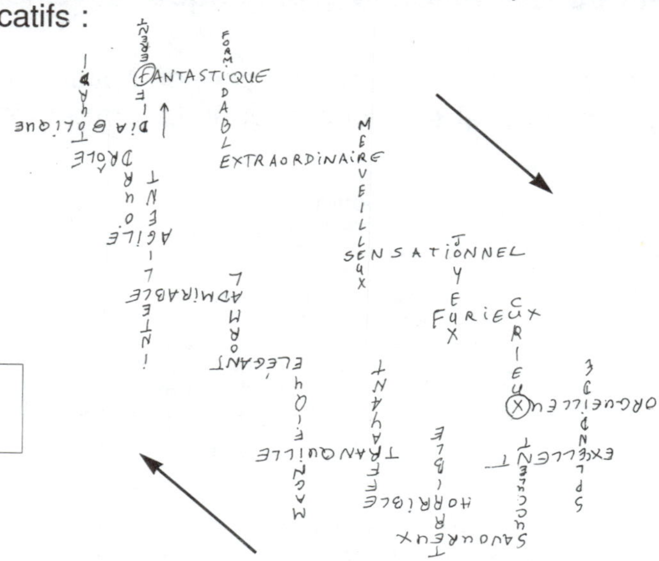

Le retour réussit à recouper le mot de départ

Ici retournement sur la lettre ⓧ pour revenir vers la gauche

– *Le second jeu croisait les mots en échafaudant une phrase.*

Bien entendu, les enfants n'avaient pas idée de la phrase avant : ils l'écrivaient en la construisant. Ce fut un travail collectif difficile.

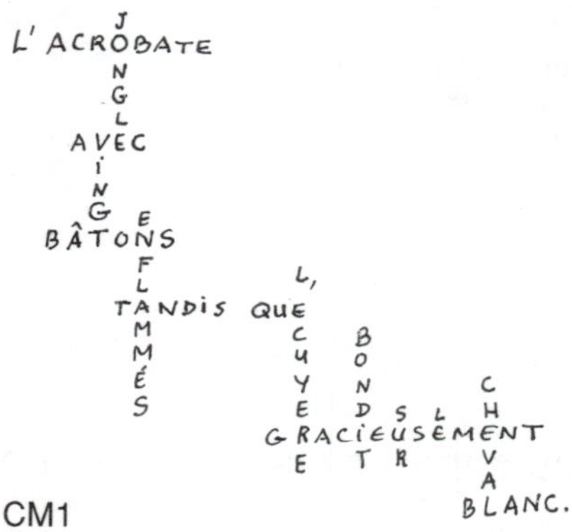

CM1

Dans l'exemple ci-contre, la phrase a été construite progressivement sur l'obligation de croiser les mots : « L'acrobate jongle avec vingt bâtons enflammés tandis que l'écuyère gracieusement bondit sur le cheval blanc. »

Il faut écrire les propositions au tableau, effacer à la demande, modifier. Ce sont les nombreuses spéculations qui constituent l'intérêt de l'écriture, plus que le résultat.

– *Troisième jeu, proposé par les élèves : croiser non plus des mots, mais des phrases autour d'un sujet.*

Voilà un exercice réalisé par quatre élèves de CM1 réunis :

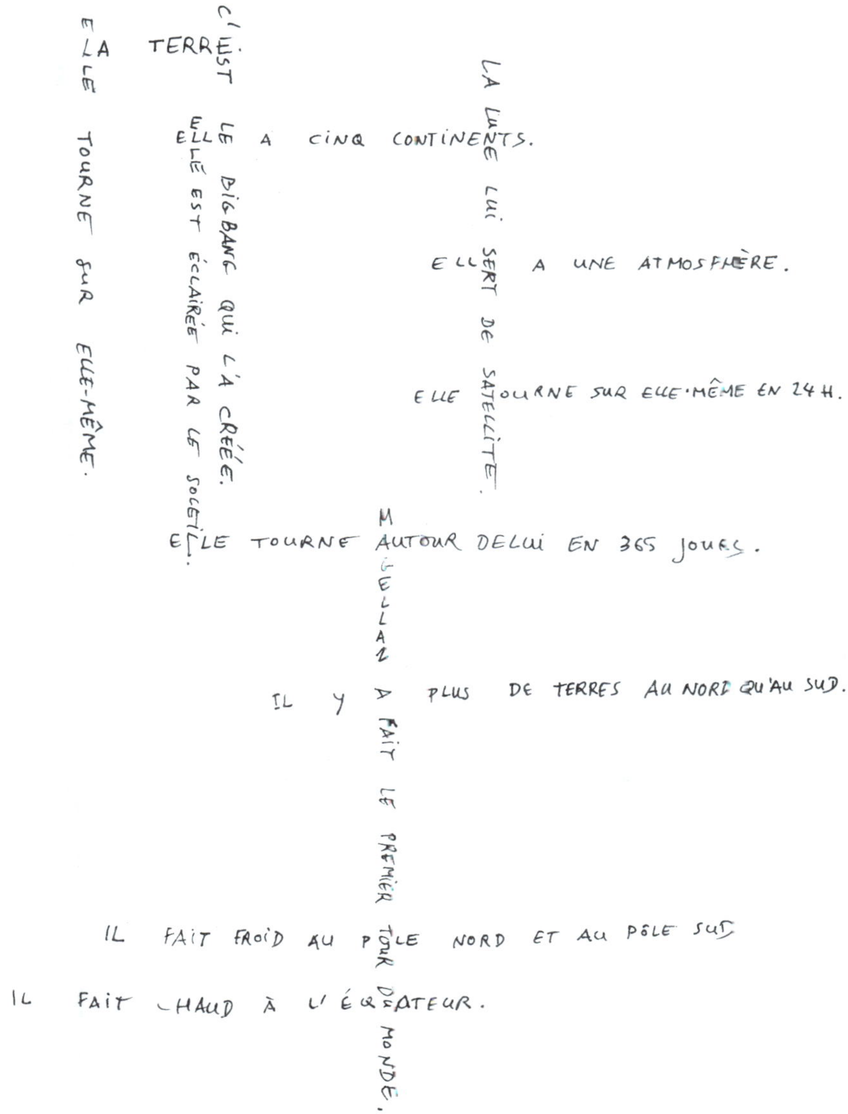

– *Quatrième jeu, grammatical :* un élève propose une phrase simple : sujet + verbe + complément. On croise ensuite sur les noms communs des adjectifs qualificatifs possibles, et sur le verbe des adverbes. La phrase initiale apparaît toujours clairement. On fait ensuite lire de nombreuses phrases différentes en associant par exemple un ou deux adjectifs aux noms, et un adverbe au verbe.

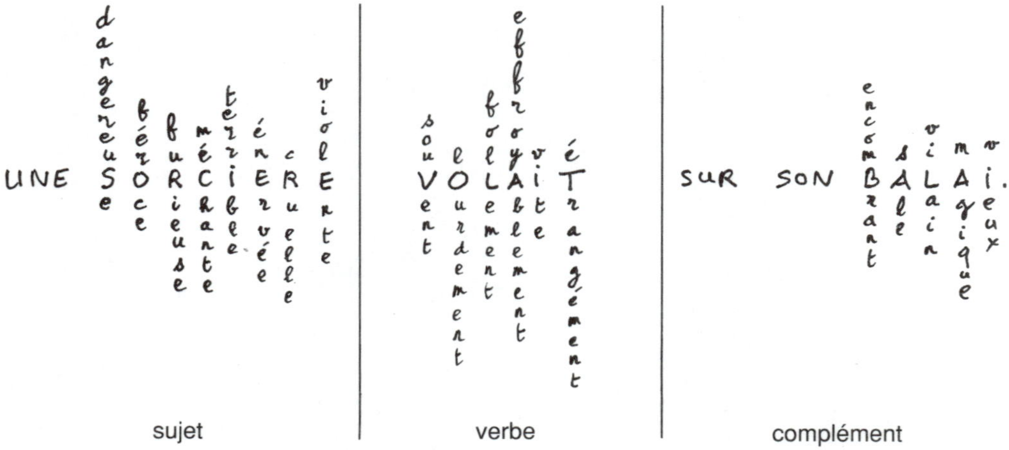

Exemples :
« Une sorcière dangereuse et féroce volait vite sur son vieux balai sale. »

« Une sorcière terrible et violente volait souvent sur son vilain balai encombrant. »

2 . Calligrammes grammaticaux

1 **Autre espèce de calligrammes, ceux voués à la recherche de séries purement grammaticales.**

Parlant de deux personnages imaginaires, une classe a cherché pour eux des traits de caractère (sans tenir compte des contradictions).
Il s'agissait de trouver un maximum d'adjectifs qualificatifs commençant par toutes les lettres de l'alphabet (mais on pourrait placer sur le cercle de départ d'autres lettres, celles d'un mot ou d'une phrase par exemple). L'image finale est un double soleil. Un autre double soleil désigne ce que ces deux personnages aimaient, donc porte sur des noms :

Se piquant au jeu, des enfants ont travaillé individuellement à d'autres séries :

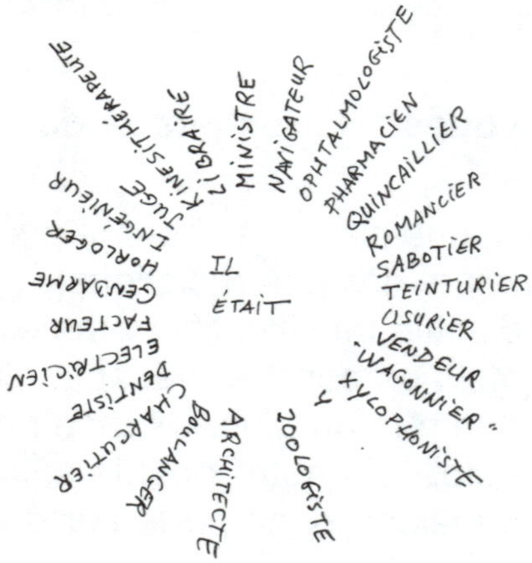

Autre disposition, non calligraphique :

Il/elle se prénommait… Antoine,
Béatrice,
Charles,
etc.

Il/elle était … allemand,
belge,
chinois,
etc.

Ensemble, ils … allaient dans les bois,
bavardaient,
cherchaient des fleurs,
dansaient,
écoutaient de la musique,
etc.

Ils s'aimaient … admirablement,
beaucoup,
calmement,
etc.

2 **Avec des plus petits, commencer par la recherche** de prénoms (fille/garçon), de noms de pays, de mots sur un thème de vocabulaire…

Réclamer des verbes qui seront autant d'actions d'un personnage : la fille attendait sa sœur, berçait son petit frère, cueillait des fleurs, dormait dans son petit lit, écoutait une chanson, etc.

3 **Un jeu facile pour débuter le travail sur les verbes : « Il faut … »**

Voici donc, par une classe de CE2, « A l'école abominable ».
Disposition non calligraphique :

Il faut… apprendre à mentir,
bavarder en classe,
casser les carreaux,
déchirer les cahiers,
écrire sur les murs avec un marqueur, etc.

Travail qu'un élève a poursuivi seul (ne jamais perdre de vue qu'un même exercice offrira des centaines de productions différentes) :

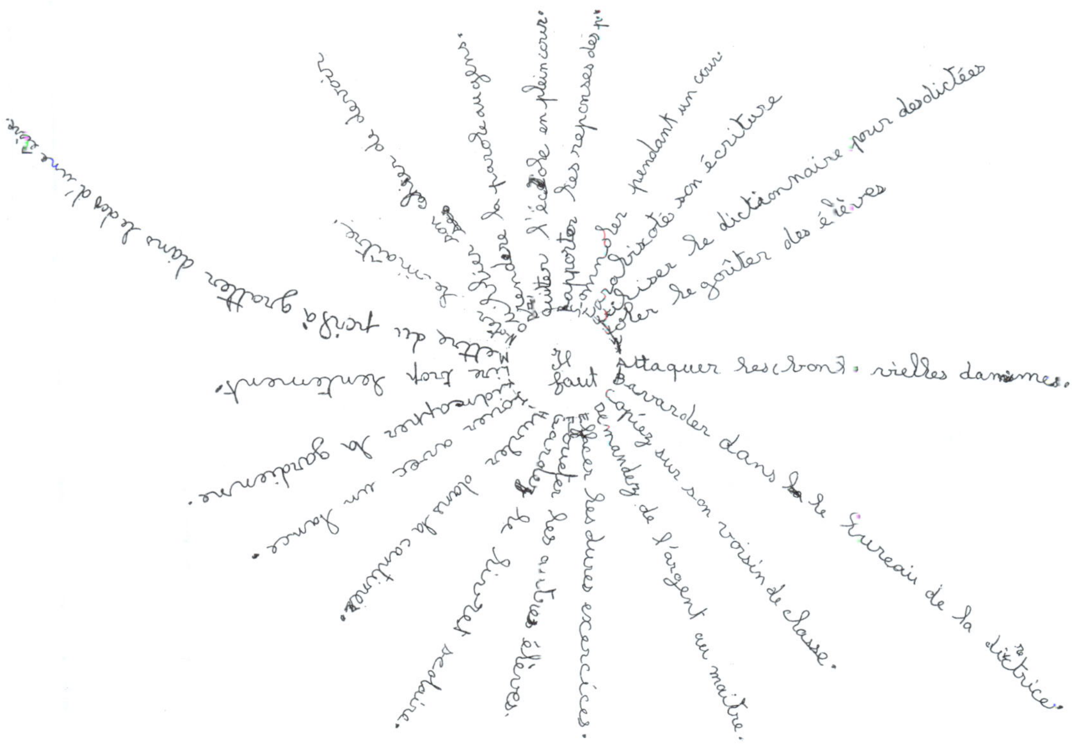

4 Le travail sur les verbes se révèle très riche.

Voici un exercice individuel imposé : les élèves de CM1 avaient à écrire des phrases à partir de verbes en ordre alphabétique (à eux de choisir leurs verbes bien entendu). Ces phrases pouvaient traiter de sujets différents. Travail sur feuilles 21 x 29,7 :

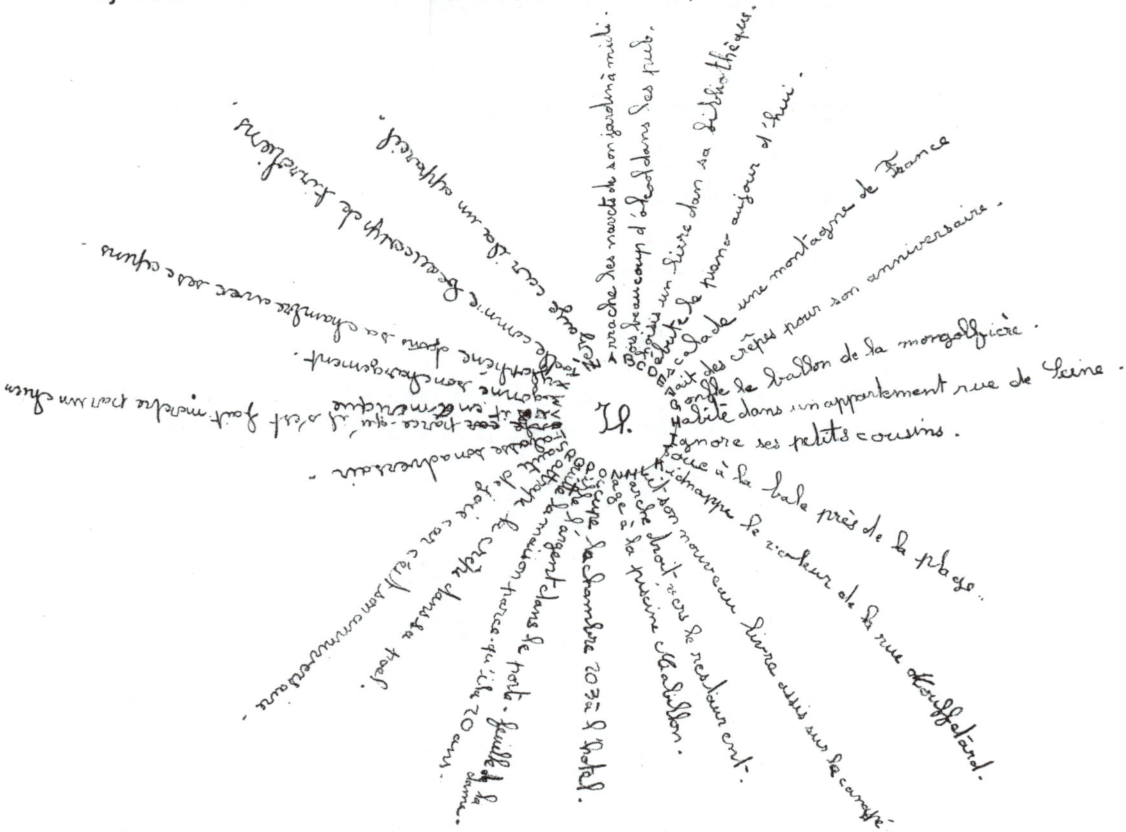

5 Exercice différent avec une classe de 6ᵉ : les phrases devaient développer une histoire.

Disposition non calligraphique :

Il/elle... **a**rrive chez sa grand-mère...**b**avarde avec elle...**c**aresse le chien...**d**emande un gâteau à sa grand-mère...**e**mbrasse sa grand-mère pour la remercier...**f**init le gâteau...**g**oinfre...**h**ache de la viande pour le chien...**i**nvente un jeu pour lui...**j**oue avec lui...**k**idnappe le chat du voisin...**l**âche le chien de sa grand-mère après lui...**m**onte des objets au grenier...**n**ettoie un peu...**o**uvre une vieille valise...**p**rend des vieux habits et se déguise...**q**uitte sa grand-mère...**r**entre chez lui déguisé...**s**alue les gens dans la rue en faisant des grimaces...**t**raverse au feu rouge...**u**...**v**a jouer avec ses copains...**w**, **x**, **y**, **z**...

6 **La disposition solaire n'empêche pas la phrase de rebondir,** comme le montre cette autre production d'une 6e, dans laquelle il convenait d'associer chaque élément du premier calligramme au correspondant du second (exemple : « Il **a**ttrapait un chien… …qui **a**boyait dans la rue. ») :

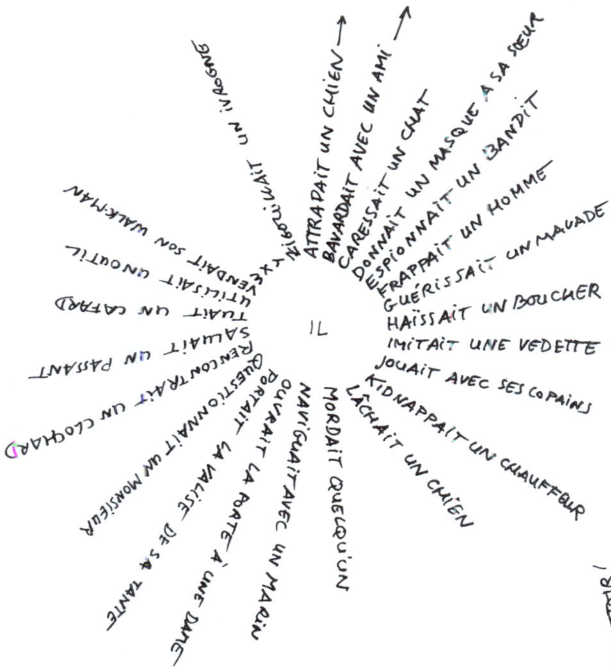

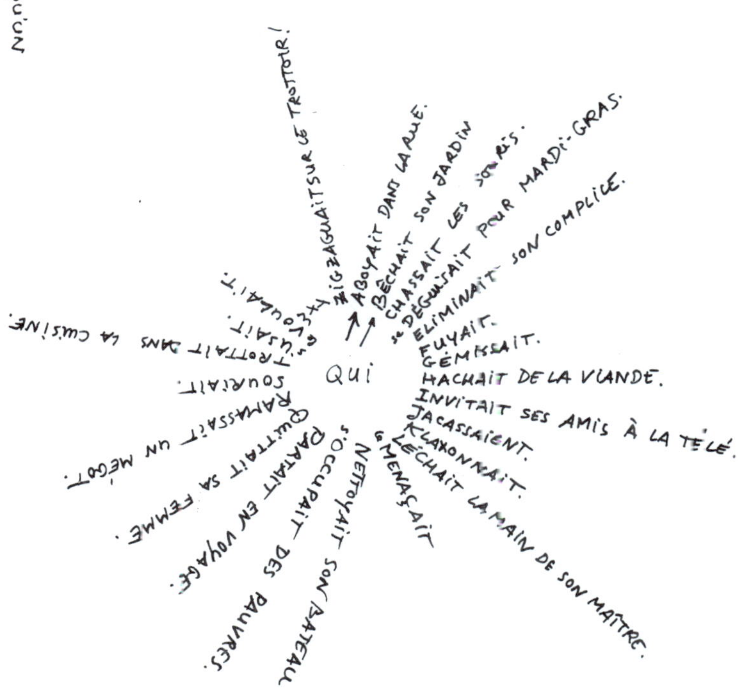

D'autres associations (de deux soleils – ou plus !) étaient encore intéressantes :

– un verbe conjugué / un verbe au participe présent :

Il	allait au marché	en	allumant une cigarette
	beurrait ses tartines		se balançant sur sa chaise
	coupait sa viande		chantant
	dansait		se dandinant
	écrivait		écoutant la télévision
	faisait son travail		fumant
	etc.		

– un verbe à un temps / un verbe à l'autre temps : futur/futur antérieur, présent/futur, imp. /cond. présent, etc.

– un vers / un vers rimé

– une proposition principale / une subordonnée.

7 **D'autres dispositions permettront de rechercher des compléments d'objet** ou des compléments circonstanciels à volonté (ou des propositions subordonnées) :

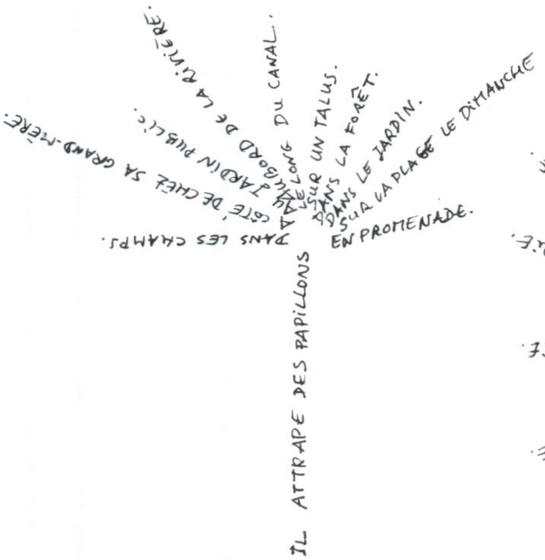

l'arbre

le paon

3

TEXTE COLLECTIF
une phrase par élève

1 La contrainte

Un sujet est proposé, ou convenu. Les élèves disent au magnétophone les phrases qui leur viennent spontanément à l'idée, sans ordre. On fait écouter. Puis on procède à l'amélioration orale des phrases contenant les informations les plus intéressantes.

Des équipes de cinq, ou six, ou sept élèves (je pratique même souvent avec des équipes de dix ou onze élèves) se constituent, et s'isolent. Chaque groupe compose un paragraphe oral sur le sujet donné, à raison d'une phrase par enfant. Les participants discutent entre eux l'ordre des phrases, introduction et conclusion sont en supplément.

Les équipes reviennent (environ dix minutes plus tard). Les équipiers, alignés, disent leur phrase au magnétophone, dans l'ordre. Écoute des textes. Critique portant sur les enchaînements, les répétitions, le suivi narratif, la logique, la précision des termes, les circonstances. Les élèves passent ensuite au travail écrit individuel.

2 L'intérêt

Mise en commun des idées, et discussion de celles-ci (ce qui n'empêche pas les trouvailles individuelles ensuite, comme le prouveront les exemples) ; recherche de la précision, refus de la phrase vide, délimitation des phrases (majuscules et points) à la voix. Chacun entend clairement où s'achève chaque phrase par le changement d'orateur.

La production orale collective joue un rôle de premier brouillon, qui permet de saisir le sujet à traiter dans son ensemble. Elle aide à organiser le travail et permet de réaliser une première synthèse.

3

Autre possibilité, avant de présenter des exemples au lieu de dire des phrases spontanément sur un sujet, **les élèves inventent une histoire**. Les phrases sont enregistrées (sans retour en arrière) au magnétophone. L'histoire est ensuite écoutée, et c'est elle qui servira de support au travail par équipe d'une part, au travail individuel d'autre part.

Voici un conte « écrit » par une classe de CE1 (durée : 10 minutes) :

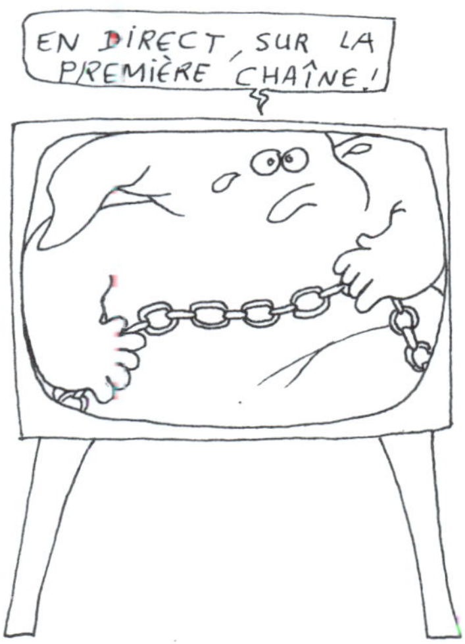

Je suis dans ma maison. Tout à coup, j'entends frapper à la porte. Je vais ouvrir. Je vois un drap blanc. Il se tient debout tout seul. Il flotte dans l'air. Il a deux trous tout en haut. Il bouge. Il se déplace en volant. Il hulule comme un hibou. Il me dit :

– Fais attention, car je suis un fantôme.

Je réponds :

– Je n'ai pas peur des fantômes.

Je lui ferme la porte au nez.

Le fantôme blanc traverse la porte en volant. Je le vois entrer dans la cuisine. Il traverse la porte du réfrigérateur pour manger des pop-corns. Il entre dans le téléviseur. Il joue avec les personnages d'un dessin animé. Il apparaît sur l'écran. Il fait parler les personnages du film. Il fait trembler l'écran de télévision. Il fait des grimaces. J'éteins le poste. Et le fantôme meurt.

Autre texte, documentaire cette fois, réalisé par un CM1 après la visite du chantier de la Grande Bibliothèque :

Le terrain mesurera 7 hectares et demi. Il y aura 2 000 employés dans la bibliothèque. Elle aura la forme d'un rectangle avec des bâtiments qui ressembleront à des livres ouverts aux quatre coins. Ils seront en béton décoré de bois et de verre. Ils abriteront 11 millions de livres. La salle pour les chercheurs mesurera 14 mètres de hauteur. Elle sera sous terre. Des arbres seront plantés dans le jardin intérieur entre les quatre bâtiments. En ce moment, les arbres sont dans une forêt à Rouen, mais ils seront bientôt transportés à Paris. Sur le chantier, les maçons construisent un étage par semaine. La bibliothèque sera ouverte au public en 1995. Ce sera la plus grande bibliothèque du monde.

4 **Suite à une sortie scolaire,** des enfants de deux CE2, groupés par huit, proposent quelques **paragraphes collectifs**.
En voici cinq sans corrections :

Lundi, nous sommes allés au bassin de Choisy-le-Roi. Nous avons fait trois activités : le tennis, la voile et le canoë. Un groupe a commencé par la voile et l'autre par le tennis. On a vu des démonstrations de tennis faites par des professeurs. Après le tennis, nous avons fait de l'optimiste ; un professeur nous a expliqué comment faire avancer l'optimiste. Après avoir fait de la voile, nous avons pique-niqué et nous sommes partis un peu plus loin pour faire du kayak parce qu'il y avait trop de courant. Nous étions seuls au kayak. Nous nous sommes très bien amusés et la journée est finie.

Lundi, nous sommes allés au lac de Choisy. Nous avons fait de la voile, du kayak et du tennis. Nous étions par deux dans l'optimiste. Axelle et Émilie étaient dans le bateau numéro 9. Quand un élève tombait à l'eau, un secouriste venait le chercher. Émilie et Sandra étaient dans un canoë. Il y avait un peu de courant dans le lac. J'aurais bien voulu y rester.

Lundi matin, nous sommes allés à Choisy-le-Roi. Nous avons attendu le car une heure et demie. Dès que nous sommes arrivés, nous avons fait de la voile, du kayak et du tennis. Pour embarquer les optimistes, nous sommes montés sur un embarcadère. La coque de l'optimiste était en métal. Dans un optimiste, il y avait un barreur et un équipier. Pour faire du canoë, un homme de la sortie nautique nous a emmenés de l'autre côté du lac. C'est Jérémie qui est monté le premier sur un canoë.

AUTRES INCIPIT

Tous les comptes-rendus de sorties, visites, activités non routinières.

Tous les bons vieux sujets de rédaction (qui ne déplaisent pas aux enfants autant qu'on le prétend parfois).

Toutes les descriptions de lieux, monuments, objets ; personnes, activités, métiers, jeux ; animaux.

Toutes les relations d'événements.

Tous les résumés de contes, d'histoires, de films.

Lundi, nous avons attendu le car une heure et demie avant de partir pour le lac de Choisy-le-Roi. Le matin, nous avons fait de l'optimiste. Pour aller à bâbord, il fallait pousser la barre à tribord. Après, nous sommes allés faire du kayak. Certains kayaks ont chaviré. Après le kayak, nous sommes allés pique-niquer. Ensuite, nous avons fait du tennis et nous sommes rentrés à Paris.

Lundi, pour la journée nautique, nous sommes allés au bassin de Choisy en car. Nous nous sommes changés en arrivant. Nous avons commencé par faire de l'optimiste. Après, nous sommes allés en bateau à moteur pour faire du kayak. Il n'y avait pas assez de pagaies pour tout le monde. Il y avait un double kayak. A la fin, nous avons pris une douche. A la fin de la journée, nous étions très fatigués.

Le travail fut bien entendu repris ensuite individuellement.

5 **Il sera bon de combiner ce jeu à d'autres.**

Rapide, on l'utilisera pour résumer/améliorer un texte réalisé par l'effet d'un jeu collectif très différent. (Voir les deux exemples donnés au paragraphe 4 du chapitre 1, *Rythme court*).

6 **Pour le carnaval,** les enfants du CM1 s'étaient déguisés à l'école.

Réunis par équipes de dix en classe aussitôt après, ils ont proposé des *comptes-rendus oraux.*

En voici donc un, qui sera suivi de *productions individuelles écrites*, rédigées dans la foulée. On observera comment le travail collectif a servi de tremplin.

A. Travail collectif :

Nous avons organisé un cortège de carnaval à l'école.
Un par un, nous avons défilé dans les classes. David était déguisé en pirate et sortait son sabre devant les élèves. Je jouais au voyou et je portais une casquette à l'envers avec des lunettes de soleil. Aurélien portait un costume de d'Artagnan avec une cape et un chapeau à plumes. Jennyfer avait une tunique multicolore d'Arlequin avec un bicorne ; elle avait oublié le bâton. Jeanne était habillée en fantôme et hurlait ; elle faisait peur aux petits. Antonin s'était déguisé en fille et portait une robe de dame vénitienne éclatante de couleurs. Émilie avait un corsage à collerette avec des manches bouffantes : c'était un prince de conte de fées. Hugoline faisait un clochard, avec une perruque et un chapeau abîmé. Les élèves qui nous ont vus se sont bien amusés.

B. Rédactions individuelles (sans corrections) :

Vendredi 12 février
Rédaction
Carnaval.

Nous avons fait un cortège de carnaval dans l'école.
Nous défilions un par un dans chaque classe. J'étais déguisé en pirate et je (bo) brandissa mon sabre. Antonin porte une robe vénisienne éclatant de couleur, un chapeau de paille et une perruque de (fem) femme. Jennifer était déguisé en Arlequin avec un (bi) bicoque et une tunique (multi) multicolore. Martin était costumé en pompier avec un casque, une blouse en cuir et un ceinturon. Aurélien était comme un mousquetair car il portait une cape et un chapeau. Déborah était déguisé en indienne avec une jupe à franges et une plume. (B) Beaucoup d'élèves riaitt quand (Arleque) Arlequin défilait. (Guillaume) Guillaume (costumé déguisé) en voyou parlait vulgairement au maîtresse. J'aimerais beaucoup me déguisé tout les jours, hélas ce n'est pas possible.

Vendredi 12 février
paragraphe
(Cor) Carnaval.

Aujourd'hui nous avons fait un
cortège de déguisements. Aurélien
était costumé en d'Artagnan:
une cape, un chapeau à plume
(de) et des moustaches. (Jeanne)
Jeanne était habillée en fantôme
et elle hurlait comme un loup.
Guillaume était vêtu d'une
casquette, d'une paire de lunet-
-tes de soleil et d'un bermuda;
il (ress.emb) ressemblait à un voya
Jennifer portait un costume
d'Arlequin avec un tricorne
et une tunique multicolore.
(Déboral) Déborah était déguisée
en indienne (et elle port) avec
une jupe et un haut en peau
de chamois. Le déguisement de
David était réussi car la che-
-mise bouffante et le bandana
étaient presque authentique.
Nous avons fait le tour de
l'école: les petits de la maternelle
étaient ébahis en nous voyant.
Tous les déguisements étaient réussis
(é), et m'ont donné des idées.
Cette fête était très bien.

4

LE RYTHME au-delà de 4 syllabes

Ce jeu a pour finalité l'enrichissement de la prose.

1 Voici un travail collectif au magnétophone, sur un rythme heptasyllabique.

Classe : CE2. Durée de l'exercice : 15 minutes.

En arrivant à l'école...
J'ai rencontré la sorcière.
Elle avait du rouge à lèvres ;
Son visage était très laid.
Elle avait un vilain nez.
Son chapeau était pointu.
Elle était vraiment poilue.
Ses ongles étaient pointus.
Elle avait beaucoup de rides.
Elle avait l'air très méchant.
Elle ricanait toujours,
Elle avait des dents pointues ;
Elle faisait peur au monde.
Elle avait un grand balai.
Elle m'a jeté un sort,
M'a transformé(e) en crapaud.
J'ai sauté dans les égouts,
La sorcière m'a suivi(e)
En volant sur son balai.
J'ai rencontré plein de rats.
J'ai trouvé une sortie :
J'ai grimpé à une échelle,
J'ai soulevé un couvercle
Lourd d'une bouche d'égout.
Je suis sorti(e) dans la rue.
J'ai enfermé la sorcière,
En refermant le couvercle.
La sorcière me cherchait.
Une fée est arrivée.
Elle avait des grands yeux bleus,
elle avait des cheveux blonds.
Sa robe était bleu turquoise.
Sa baguette était magique.
Elle m'a rendu ma forme
D'un petit coup de baguette.
Je suis allé(e) à l'école.
J'ai parlé de la sorcière
Au maître et à mes copains.
Ils ont trouvé ça très drôle,
Ils n'en croyaient pas un mot.

2 La contrainte

Ce texte a été produit par les élèves à partir du vers initial fourni par moi. Les enfants intervenaient (sur le rythme imposé) pour :

– décrire la sorcière (visage, accoutrement) ;
– raconter l'action ;
– préparer une fin.

N'étaient retenues que les propositions conformes au rythme et au sens de l'histoire engagée. Aucun retour en arrière. La règle classique (E s'entend devant une consonne) était de rigueur. Je suis intervenu après quelques vers pour réclamer d'autres tournures que « Elle avait ». Tout était enregistré.

3 Remarque : selon l'âge, les enfants font coïncider le vers et la phrase, ou dépassent la coïncidence.

Avec entraînement, ils la dépassent. C'est d'ailleurs en cela que ce jeu se différencie de celui des 3 syllabes présenté au chapitre 1. Ici, en effet, l'enfant peut être maître d'une phrase courte mais entière, car l'heptasyllabe correspond souvent aux phrases spontanées des jeunes enfants. L'anticipation et les spéculations porteront alors sur des phrases à suivre, ou sur des développements circonstanciels, ou encore sur des propositions subordonnées.

A noter que ce rythme simple est aussi celui de poésies célèbres, comme *La Cigale et la Fourmi*.

AUTRES DÉPARTS

J'ai rencontré un chat noir
J'ai rencontré un squelette
J'ai vu un monsieur perdu
Près du collège Andersen
En sortant du McDonald's
Dans un jardin merveilleux
J'ai rencontré une fée
Un marin qui avait soif
A côté de la mairie
En allant voir un ami
A côté du cimetière

4 **Une fois terminé l'enregistrement d'un texte rythmé,** on le fera entendre aux « auteurs » afin d'exploiter autrement avec eux l'imaginaire débusqué par cette technique de travail. On pourra partir utilement du texte obtenu pour procéder à une réécriture (collective ou individuelle) en prose.

5 **Le travail peut commencer au CP.** Voici trois textes réalisés par des classes de CP, CM1, et 6ᵉ :

Je suis allé en vacances.
Je suis allé en Vendée.
Je suis allé en Lorraine.
Je suis allée aux arènes.
Je suis allé à la mer.
Je suis allé à la neige.
Je suis allé en avion.
Je suis allé à Lisieux.
Je suis allé voir mon père.
Je suis allé à la plage.
J'ai mangé du poisson frais.
J'ai fait une promenade.
J'ai fait du ski à la neige.
J'ai mangé de la purée.
J'ai eu ma première étoile.
J'ai mangé de la salade.
J'ai fait cuire une langouste.
J'ai trouvé des coquillages.
J'ai fait un peu de vélo.
J'ai mangé des écrevisses.
J'ai mis mon T-shirt de mer.
Je suis monté en bateau.
J'ai mis mes baskets tout neufs.
J'ai mangé de la gelée.
J'ai fait du patin à glace.
J'ai trouvé deux jolies perles.
J'ai mis mes chaussons à fleurs.
J'ai « ramassé » des lilas.
J'ai fait du surf sur la piste.
J'ai fait de la bicyclette.
Je suis monté sur la tour.
J'ai rencontré mon ami.
J'ai rencontré ma maman.
J'ai rencontré mon copain.
J'ai rencontré mon papa.
J'ai rencontré ma grand-mère.
J'ai rencontré un oiseau.
J'ai rencontré mon chat roux.
J'ai des jolis cheveux bruns.
J'ai rencontré mon cousin.
J'ai rencontré le E.T.
J'ai rencontré le facteur.
J'ai rencontré mon nounours.
J'ai rencontré ma maîtresse.
J'ai rencontré Tymothée.
J'ai eu des fourmis aux pieds.
Je suis allé voir le zoo.
J'ai rencontré des Indiens.
J'ai fait des décorations.

Je suis allé en vacances.
Je suis allé (e) à la mer.
J'ai vu des beaux coquillages
et je les ai ramassés.
Je me suis baigné (e) dans l'eau
(et j'ai fait des beaux châteaux).
J'ai fait des châteaux de sable.
J'ai photographié ma sœur.
J'ai fait du scooter des mers
et j'ai vu de beaux poissons.
J'ai aussi fait de la planche
dont la voile était violette.
Le vent était très violent
et il me poussait très vite.
La mer était agitée
et je tombais tout le temps.
Les vagues étaient très hautes,
les vagues étaient très froides ;
elles dansaient sans arrêt
Et je voyais de l'écume.
C'était vraiment agréable.
Bientôt j'y retournerai.

A l'école abominable
il y a des araignées.
On n'y fait que des bêtises.
Il y a d'horribles profs
qui nous battent tout le temps,
qui nous tirent les oreilles,
qui dévorent les élèves,
qui confisquent nos jouets.
Ils nous font travailler trop.
On est toujours en contrôle.
On ne doit jamais parler.
Ils sont toujours énervés,
ils nous privent de récré.
La cantine est dégoûtante,
on y mange des lézards
et des choses très visqueuses
et aussi des cancrelats.
Il y a de la poussière.
On nous oblige à manger.
Le sport est très fatigant,
On nous oblige à courir,
on nous oblige à sauter.
La piscine n'est pas pleine,
elle contient des ordures,
on y trouve des sangsues.
A l'école abominable,
les élèves sont des diables,
qui écrivent sur les murs.
Ils dorment toujours en classe.
Ils n'écoutent pas les cours.
Ils déchirent les cahiers.
Les profs parlent pour les murs.
Ils massacrent les élèves.
Cette école est impossible,
On ne pourrait pas y vivre.

6 On peut voir, en lisant les exemples précédents, que les résultats varient avec l'âge des enfants. Ils varient aussi avec leurs conditions de vie.

Par exemple, le même incipit de « La sorcière » donne, dans un centre-ville de province, un texte comparable à celui déjà cité, tandis que dans deux ZEP de la même ville, après un début médiocre et semblable, il est subitement réactivé par un prolongement unanime.

Je lui ai fait une prise
et je l'ai « faite » tomber.
La police est arrivée.
La sorcière a raconté
tout ce qui s'était passé,
mais elle a dit un mensonge ;
ce mensonge était énorme :
qu'elle était vraiment très vieille,
qu'elle était très fatiguée,
que je l'avais agressée,
que j'avais voulu la tuer,
qu'elle s'était défendue
avec son balai magique,
et la police l'a crue,
parce qu'elle était blessée.
Mais comme j'étais resté vert
les agents se consultaient.
Ils se posaient des questions :
étais je un extra-terrestre ?
La sorcière se moquait
de l'allure des gendarmes.
Elle se disait tout bas
« quels idiots ces policiers ! »
Un policier l'entendit,
il se retourna vers elle
et lui passa les menottes
pour l'emmener en prison.
Soudain, elle disparut !
(Et je retrouvai ma couleur.)

AUTRES DÉPARTS
En colonie de vacances
En voyage avec l'école
En promenade un dimanche
En bateau sur la rivière
A la chasse avec mon père
En vélo à la campagne
En marchant dans la forêt
Je suis allé à la plage
Ma poupée m'a raconté
J'ai vu le Chaperon rouge

Ici, après l'exercice de la sorcière, alors que l'histoire semblait terminée (l'enfant changé en lézard se défend et réussit à vaincre la sorcière), les enfants continuent spontanément l'histoire comme ceci :

... Je suis retourné chez moi
et j'ai tout dit à ma mère.
(Fin ? Relance aussitôt :)
Ma mère ne m'a pas cru.
Elle s'est moquée de moi.
Je l'ai transformée en poire.
Et je suis allé dormir.
Et j'ai jeté la baguette.
Ma baguette s'est cassée.
Ma mère est redevenue
une mère douce et calme
et me respecte beaucoup.

CM2 ZEP

7 Là encore, le texte s'échafaude à partir des détails dont le rythme appelle l'existence.

Il ne s'agit pas de « décorer », de « parer » un sujet, mais de réunir suffisamment d'informations pour faire surgir des vers, et un texte. L'enfant se trouve bien dans la situation d'*écrivain*, et non plus dans celle d'*écrivant*. Le jeu, bien entendu, sera pratiqué avec bonheur par des équipes réduites (deux-trois enfants) ou encore individuellement. (On soulignera les erreurs rythmiques, que les enfants sauront alors corriger.)

8 Les enfants suggéreront de nombreux points de départ. En voilà néanmoins quelques-uns :

Je suis allé à la neige. Je suis allé au musée. Je suis allé au marché. Je suis allé à la foire. Je suis allé au zoo. Je suis allé au théâtre. J'ai rencontré Cendrillon. J'ai rencontré Barbe-Bleue. Maman attend un bébé. Ma sœur est à l'hôpital. Un jour un extraterrestre. Un camion sur l'autoroute. Quand la tempête a soufflé. Ma mère adore les fleurs. J'ai regardé la télé. J'ai prêté ma bicyclette. Prenez-vous parfois le train ? Napoléon Bonaparte. Prenez-vous parfois l'avion ? Mes amis du bout du monde. J'ai vu un grave accident. Ce soir aux informations. Qui fabrique les maisons ? Quel temps fait-il à Paris; J'ai un joli cerf-volant. Parlez-moi des carnivores, etc.

9 On combinera ce jeu à d'autres avec profit.

Voici quelques exemples.

– Après l'écriture d'un poème sur « La sorcière », des enfants de CE2 avaient à en donner le résumé par équipes de sept, à raison d'une phrase par élève :

En allant à l'école, j'ai vu une affreuse sorcière. Elle a voulu me transformer en gros crapaud baveux. Je suis parti en grillant un feu rouge. Un policier est arrivé et m'a mis un PV. La sorcière est venue sur son grand balai et je lui ai jeté un seau d'eau. Elle s'est mise à fondre et le gendarme est resté bouche bée. J'ai raconté mon histoire à tout le monde mais personne ne m'a cru.

– Suite à un poème collectif sur « L'école abominable », les élèves d'un CM2 firent des résumés individuels (écrits) sur un nombre de mots imposé :

– 10 mots :

Mathilde : Dans l'école abominable, il y a de gros problèmes.
Sophie : Cette école abominable rend les élèves indisciplinés et très grossiers.

– 15 mots :

Kim : On a parlé de l'école abominable, de la récré, des profs qui nous martyrisent.

– 20 mots :

Frédérique : Tous les gens qui sont dans cette école sont un peu fous et elle est mal fréquentée et mal organisée.

– Une classe de CM1-2 a produit collectivement ces deux exercices consécutifs :

En arrivant à l'école
j'ai rencontré la sorcière.
Elle avait des cheveux
rouges,
elle avait un nez pointu,
elle avait plein de verrues.
Son visage était tout noir,
ses oreilles étaient sales,
son menton était crochu.
Elle avait des dents cassées.
Ses lèvres étaient charnues.
Elle était mal habillée,
elle portait des haillons ;
elle avait des jupons gris.
Son chapeau était pointu.
Elle avait de gros sabots.
Elle avait un grand balai.
En me voyant la sorcière
a voulu me transformer
en petit crapaud poilu.
Je me suis couché par terre
je lui ai mordu les pieds
je suis passé sous ses jupes,
je lui ai pincé les cuisses,
je lui ai mordu le cul.
Je me suis enfui chez moi.
La sorcière m'a suivi
en volant sur son balai.
Elle me crachait dessus,
elle faisait des grimaces,
elle était très en colère.
Elle ricanait beaucoup.
J'ai attrapé son balai
et je l'ai fait basculer,
elle s'est cassé le nez,
elle est tombée dans un
trou ;
elle est vite remontée,
elle était toute trempée.
Elle était désespérée.
Elle est vite retournée
dans son laid château
hanté.
Et moi j'étais bien content.
Je suis allé à l'école,
j'ai raconté mon histoire
et j'ai eu un dix sur dix.

Gare !

Attention !
La sorcière !
Elle est méchante !
Elle est très laide !
Elle a un nez pointu !
Elle a des dents toutes jaunes !
Ses oreilles sont en feuilles de chou !
Elle jette des sorts à tout le monde !
Elle arrive sur son grand balai noir
et blanc !
Elle va à l'école pour emporter des petits enfants !
Elle les mettra dans une cage et les
mangera !
Elle les dégustera tout crus avec des limaces !
Elle les assaisonnera avec du
piment fort !
Elle mettra les os de côté !
Elle les donnera au chien !
Il aura une indigestion !
Il sera malade !
Elle rira !

On aurait pu combiner bien d'autres jeux ! Et même, placer le jeu qui nous intéresse ici *en second* : on s'apercevra alors qu'il apporte encore des données par rapport au premier.
Voici, par un groupe mixte d'enfants (CM1-2-6e-5e-4e) :

En allant/à l'école/j'ai trouvé/un mouchoir/sur la route./ Il était mystérieux et rampait sur le sol lentement en fumant. Je l'ai pris dans mes mains doucement et alors il se mit à parler.
– Mon petit, me dit-il, je ne veux pas aller à l'école avec toi. Moi je veux nettoyer les carreaux de chez toi pour gagner de l'argent.
– Si tu veux, ai-je dit, je t'engage.
Je l'emmène dans ma chambre. Il se met au travail en volant sur la vitre. Il rampait sur le bord du carreau en tordant ses côtés. Il crachait du produit nettoyant. A la fin, il me dit :
– J'ai fini.
Il partit dans les airs sans argent car j'avais oublié de payer. Le mouchoir n'est jamais revenu.

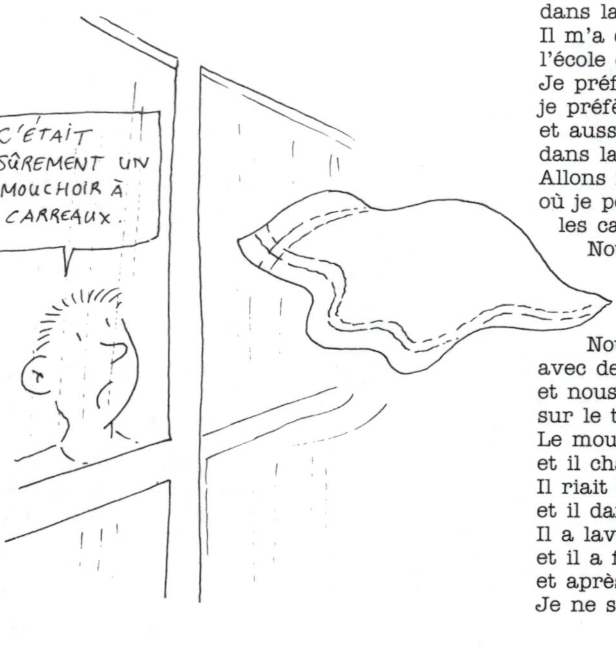

J'ai ramassé un mouchoir
dans la rue quand je marchais.
Il m'a dit : « Je n'aime pas
l'école car c'est pénible.
Je préfère la nature,
je préfère les carreaux,
et aussi me promener
dans la forêt avec toi.
Allons faire une cabane
où je pourrai nettoyer
les carreaux et la vaisselle. »
Nous partîmes dans les bois ;

Nous fîmes une cabane
avec des branches de chêne
et nous avons mis des feuilles
sur le toit de la cabane.
Le mouchoir était content
et il chantait à tue-tête.
Il riait énormément
et il dansait en volant.
Il a lavé les carreaux
et il a fait la vaisselle,
et après il est parti.
Je ne sais s'il reviendra...

10 L'écriture heptasyllabique conviendra au dialogue.

Voici un exemple par une classe de 5e, après lecture d'un conte :

L'ENFANT QUI FONDAIT :
La mère était au salon
quand Noémie arriva.
Pouce à la bouche, elle dit :
– Nyfer est en train de fondre.
– Oui, répliqua la maman.
Maintenant, laisse-moi lire.
Noémie se retira
mais elle revint de suite.
– Nyfer est toute fondue,
Viens vite m'aider, maman !
– Bon, d'accord, j'arrive vite
sinon, je ne pourrai lire !
Munie d'une serpillière,
elle passa dans la chambre
avec le seau à la main.
Voyant une énorme flaque,
Elle poussa un grand cri :
– Mais, Noémie, est-ce toi
qui as renversé cette eau ?
cria la mère affolée...

Soyons généreux ! Quatrains, bouts rimés, distiques et proverbes, articles et faux articles de journaux, courriers, documentaires, histoires à inventer ou à résumer, problèmes, tout peut être abordé sur le rythme heptasyllabique avec les enfants.
Voici un problème imaginé par six élèves de CM1 :

Un boulanger vend cent pains,
Trente-deux pains aux raisins,
Soixante croissants au beurre.
Il vend chaque pain cinq francs,
Un pain aux raisins deux francs,
Un croissant trois francs cinquante.
Quelle est la somme gagnée ?

Il avait deux cent dix pains,
Quarante-cinq pains aux raisins,
Et soixante-dix croissants.
Combien lui en reste-t-il ?
S'il vendait ce qui lui reste,
Quelle serait la recette ?

11 Pour entamer l'exercice avec des petits et prendre conscience du rythme demandé :

– *associer des mots :* Valérie et Nicolas
Caroline et Frédéric
Un monsieur et une dame
Un garçon et une fille

– *employer des verbes au passé composé pour compléter des vers :*

J'ai mangé du chocolat	J'ai donné
J'ai mangé de la vanille	J'ai acheté
J'ai mangé du camembert	J'ai prêté
J'ai cassé (quoi ?)	J'ai échangé
J'ai fini	

– *chercher dans des lectures des phrases ou morceaux de phrases respectant le rythme heptasyllabique...*

– *rechercher des paroles de chansons connues...*

12 **Deux façons de procéder collectivement :**

A. Avec le magnétophone. Pas de retour en arrière pour corriger. On va jusqu'au bout du texte engagé. On fait entendre le résultat. On repère les maladresses, imprécisions, lourdeurs, répétitions, etc. On peut reprendre le travail ensuite à l'écrit.
B. Sans magnétophone. Écrire les vers au tableau. Le texte apparaît progressivement et permet quelques retours en arrière (mais il est préférable d'aller de l'avant). Les corrections de répétitions, lourdeurs, etc., peuvent en revanche être effectuées directement au tableau.

13 **Ces écritures négligent la rime. On pourra l'introduire en contrainte d'appoint** dans des distiques, proverbes, quatrains, ou poèmes détournés d'un modèle. La recherche de mots de même son par les enfants sera précieuse : les lire, les dire, les entendre. Faire travailler au maximum le rapport œil-oreille. On proposera en outre aux élèves des séries de mots qui riment à lire ; l'intérêt orthographique est évident. Recourir à un dictionnaire de rimes.

Rappelons que ces exercices visent à travailler le langage en stimulant l'imagination, vers une prose enrichie.
Voyez la reprise en prose de vers très difficiles (ennéasyllabiques) par des équipes de six élèves de CM :

Ce matin je me suis levé tôt
Pour ne pas arriver en retard
car c'est aujourd'hui le carnaval.
Je me suis lavé en chantonnant.
Je me suis habillé dans ma chambre :
Je me suis déguisé en Martien.
J'avais des antennes sur la tête,
une très longue queue vert fluo.
J'étais vêtu d'habits métalliques.
J'avais du mal à me déplacer
Et j'ai pris mon petit déjeuner
en renversant le chocolat chaud.
Mon beau costume était tout taché.
Je suis allé à l'école honteux ;
mes amis se sont moqués de moi
car je marchais très bizarrement.
Mon costume a plu à tout le monde.
Jean était costumé en pirate,
Pierre-Antoine était en princesse,
Julien était déguisé en clown,
Marie-Hélène était en sorcière,
Fleur était déguisée en danseuse,
Romain était maquillé en fille...
Nous avons fait un beau défilé.
Nous avons dansé jusqu'à la nuit ;
Nos parents étaient morts d'inquiétude !

Je me suis levé très tôt ce matin pour aller à l'école car c'était le jour du carnaval. Je me suis déguisé en Martien : j'avais des yeux lumineux et une queue en forme de flèche. Mes amis se sont moqués de moi à l'école car je marchais bizarrement. Pierre-Antoine était déguisé en fille et Marie-Pierre en sorcière. Nous avons dansé toute la nuit et nos parents étaient morts d'inquiétude.
Ce matin je me suis levé tôt pour le carnaval. Je me suis déguisé en Martien avec des antennes vert fluo et un habit en ferraille. Je me déplaçais très difficilement ; mes amis se sont moqués de moi. Pierre était déguisé en pirate, Alexandre en cow-boy, et Julien en fille. Nous avons fait un beau défilé. Nous avons dansé jusqu'au soir, nos parents étaient morts d'inquiétude.

14 **Comme le prouve ce dernier exemple, d'autres rythmes que l'heptasyllabe sont intéressants (prudemment). L'octosyllabe,** assez facile à manipuler, dépasse souvent en fait d'une syllabe les phrases spontanées de jeunes enfants ; il remet en cause le langage, provoque une rupture : ou bien l'enfant arrange sa proposition spontanée, ou bien il la fait rebondir vers une phrase plus longue à caser sur deux vers au lieu d'un.
Voici deux textes, œuvres de deux classes de CE2 :

A l'école extraordinaire,
Il y a des enfantastiques.
Il y a des arbres parlants.
Ils racontent des beaux poèmes,
Ils racontent plein de bêtises,
Ils gambadent sur leurs racines,
Ils se promènent dans la cour.
Ils jouent à la corde à sauter,
Ils font des belles galipettes,
Ils jouent gaiement à la marelle,
Ils essaient de nous attraper.
Ils jouent souvent à cache-cache.
Ils jouent à épervier sortez.
Ils ne vont jamais aux toilettes.
Quand ça sonne, ils vont se ranger.
Ils doivent monter l'escalier.
Les maîtres sont des fleurs bizarres.
Ces belles fleurs sont carnivores,
Elles mangent les enfants crus.
Elles ne mangent pas les arbres.
Qui vont tous travailler en classe.
On doit dessiner les maîtresses.
En classe, on jardine souvent ;
On fait de la conjugaison,
On chante des chansons bizarres,
Les arbres aiment le verbe « H...être » !
Ils aiment le verbe pousser.
Ils ne veulent pas « se planter ».
A l'école extraordinaire,
Il y a un directeur fou
Il met les enfants dans sa poche
Et il en fait de la purée !
Je n'aimerais pas y aller !

Les enfants sont d'ailleurs capables d'écrire des textes en équipes réduites (deux ou trois), ou individuellement.
En voici un, rimé, par trois enfants de CM1 :

Nous avons fait un beau voyage.
Nous avons mangé du potage.
Nous avons franchi un ruisseau
Où se trouvaient des vermisseaux.
Je me suis servi de mes palmes
Pour nager dans ce ruisseau calme.
Nous avons peint des aquarelles
Qui étaient extrêmement belles.
Dans les prairies, beaucoup de fleurs
Dégageaient une bonne odeur.
Il y avait de grands pommiers
Avec beaucoup de châtaigniers.
Nous avons vu des villageoises
Qui portaient des habits turquoise.
J'ai attrapé des papillons
A côté de mon pavillon.

Pour ces exercices, confier le dictionnaire de rimes aux enfants.

QUELQUES POINTS DE DÉPART
Les objets ont pris la parole
Les joujoux se sont révoltés
Maître Renard était rusé
La chèvre de M. Seguin
Je vais vous parler de la France
Les gens que je ne connais pas
Je crois que je n'ai peur de rien
Savez-vous ce que je préfère ?
Savez-vous ce que je déteste ?
Les premiers hommes sur la Lune
A Roland-Garros, les champions
C'est l'horreur en Yougoslavie
J'aimerais faire un tour du monde
Si j'étais le chef de l'État

Avec une classe de 6e, suite à un enregistrement collectif (octosyllabes monorimes), nous remettons simplement de l'ordre dans les premiers vers obtenus (durée : 10 minutes) :

Premier exercice :

Nous avons fait un beau voyage
Nous avons perdu nos bagages
Nous avons mangé du potage
Nous n'avons pas eu un orage
Nous avons vu des paysages
Nous avons payé au péage
Il y avait des gros nuages
Nous sommes allés à la plage
Nous nous sommes baignés, bien sages
Il y avait des coquillages
Nous sommes rentrés au village
Il y avait des personnages
habillés comme au Moyen Âge
Ils étaient vêtus de plumages
Ils avaient de beaux équipages
Nous avons collé des images
sur nos T-shirts et nos corsages
Nous avons rencontré des mages
Ils rentraient de pèlerinage
Ils avaient beaucoup de courage
car ils transportaient une cage
qui était bien lourde et bien large
Elle était chargée de cirage
pour servir au grand nettoyage
Nous avons vu des marécages
où vivaient beaucoup de sauvages
qui ont voulu faire un carnage
Nous sommes partis à la nage
avec des bouées de sauvetage
Nous avons atteint un barrage
pour une partie d'espionnage
Mais nous avons laissé en gage
notre gros sac à maquillage
Nous avons fait un beau voyage
Il est terminé, quel dommage !

Deuxième exercice : reprise des vers intéressants pour un enchaînement non farfelu.

Nous avons fait un beau voyage.
Nous avons vu des paysages.
Il y avait des gros nuages,
mais il n'y a pas eu d'orage.
Nous sommes allés à la plage
nous nous sommes baignés, bien sages,
il y avait des coquillages.
Nous sommes rentrés au village,
nous avons payé au péage.
Il y avait des personnages
habillés comme au Moyen Âge.
Ils avaient de beaux équipages.
Nous avons rencontré des mages
qui rentraient de pèlerinage.
Ils avaient beaucoup de courage
car ils transportaient une cage
qui était bien lourde et bien large.
Nous avons vu des marécages
où vivaient beaucoup de sauvages
qui étaient vêtus de plumages.
Nous sommes partis à la nage
car ils voulaient faire un carnage.
Nous avons dû laisser en gage
Tous nos sacs et tous nos bagages.
Nous avons fait un beau voyage,
Il est terminé, quel dommage !
Nous avons collé des images
sur nos T-shirts et nos corsages.

On peut encore améliorer !

Généralement, nous l'avons vu, l'écriture collective en vers permet, par la vertu de la contrainte rythmique, de découvrir des informations de détail qui nourrissent le texte en cours d'exécution, et que les enfants retrouveront ensuite à leur disposition, soit en débutant le travail individuel, soit en reprenant le même sujet avec une contrainte différente.

Ici, par exemple, la prose : travail d'un CE2 (durée : 15 minutes). L'exercice était précédé par l'écriture d'un poème octosyllabique :

Il était une fois une princesse qui s'était endormie. Elle était dans un château. Sa mère essayait de la réveiller. Elle la secouait. Elle lui jetait des seaux d'eau sur la figure.
Mais la princesse ne se réveillait pas. La maman appela un médecin. Le papa criait pour réveiller sa fille. Le médecin est venu en bus.
Il apportait sa mallette avec les accessoires pour réveiller la princesse. Il était grand. Il était moustachu. Il portait des lunettes. Il avait un chapeau marron et des cheveux courts. Il portait une cravate. Il avait un costume blanc avec des croix rouges sur les manches.
Le roi l'emmena dans la chambre de sa fille.
Le roi dit au docteur que sa fille ne se réveillait pas. Le médecin demanda comment elle s'était endormie. Le roi et la reine ne le savaient pas. Le médecin examina la princesse avec un stéthoscope. Il lui fit une piqûre.
Mais la princesse ne se réveillait pas. Le médecin était très étonné. Il disait : « Je ne sais pas comment réveiller votre fille. » Le médecin s'en alla. Le roi appela une fée. Elle avait une baguette magique. Elle toucha la tête de la princesse d'un coup de baguette magique.
Mais la princesse ne se réveillait pas. La fée disait : « Je ne sais pas comment réveiller votre fille. » Le roi n'était pas content. Il était fâché. Il disait : « Ce n'est pas possible ! » Il criait et grondait la fée. Le roi tapait des pieds par terre. Il devenait tout rouge. Il ne savait plus quoi faire...
Toc-toc ! On frappa à la porte. Qui cela pouvait-il bien être ?
C'était un prince charmant. Il avait une cape de velours bleu. Il portait un chapeau avec une plume de faisan. Il portait des bottes en cuir.
Il portait un pantalon bleu et une chemise blanche. Il avait une chaîne en or autour du cou. En entrant, il dit : « Bonjour, je suis le prince charmant. Je viens réveiller la princesse. » Le roi et la reine étaient très contents. Ils se rassuraient. Le roi dit : « Si vous réveillez ma fille, je vous la donnerai en mariage. »
Alors le prince embrassa la princesse. Elle se réveilla. Elle demanda : « Qui est-ce qui m'a réveillée ? » « C'est le prince », répondit le roi.
Le prince et la princesse se marièrent et ils eurent beaucoup d'enfants.

15 Quelques autres rythmes relanceront l'imaginaire autrement :

– *le vers pentasyllabique*, par un CE2 et un CM2 :

Je me suis levé.
J'ai fait ma toilette.
J'ai pris une douche.
J'ai brossé mes dents.
J'ai lavé ma tête.
J'ai bien déjeuné.
J'ai bu du lait chaud,
j'ai pris des tartines,
j'ai mangé du pain,
il était très bon.
J'ai mis mes chaussettes
et mon pull-over.
Je me suis coiffé.
J'ai mis mes chaussures,
j'ai mis ma casquette,
j'ai mis ma culotte.
J'ai pris mon cartable.
J'ai mis mon manteau.
J'ai mis ma cravate.
J'ai ouvert la porte.
J'ai pris mon vélo
et je suis parti.
J'ai vu ma copine,
j'ai vu mon copain,
qui s'appelle Tom.
On a discuté.
On est arrivés
à la médiathèque.
On a pris des livres.
J'ai pris mon cahier,
j'ai vu Yak Rivais.
J'ai bien travaillé.
Je suis reparti
avec mon copain.
J'ai pris mon vélo
il a pris le sien.
Nous avons roulé,
on est arrivés.
On a travaillé,
j'ai eu un contrôle,
j'ai eu un très bien.
Je suis très content.
CE2

Bonjour, Messieurs-dames !
Mes parents sont morts,
Je suis orphelin.
Personne ne m'aime.
je n'ai pas d'argent.
Je suis affamé :
je n'ai rien mangé
à part des croûtons
depuis avant-hier.
Je vais vous chanter
une chanson douce.
Après ce beau chant
pourrez-vous m'aider
en faisant un geste,
je vous en supplie.
Donnez-moi un franc,
ce que vous pouvez,
un ticket-resto.
Je vous remercie,
et excusez-moi
d'avoir abusé
de votre patience.
CM2

AUTRES DÉPARTS
Au cirque, les clowns
Au Salon du livre
Chez le pharmacien
J'ai pris mes patins
Chez la boulangère
Au centre aéré
Au bord de l'étang
Mon chien et mon chat
Quand le téléphone
A Euro Disney
Au Parc Astérix
Le bébé pleurait

On remarquera que ce vers est trop court pour coïncider avec les phrases. Il faut donc penser au-delà, spéculer sur le ou les vers suivants.

– *Le vers hexasyllabique* peut déjà préparer l'alexandrin :

J'ai rencontré un ogre.
Il avait des dents longues.
Il était vraiment laid
Avec sa barbe bleue
Et ses cheveux en l'air.
Il mesurait 10 mètres.
En me voyant, cet ogre
A voulu me manger.
Il riait comme un fou
Et il tendait les bras.
J'ai filé en courant
Mais il me poursuivait,
Et il m'a rattrapé.
Il disait : « Cours toujours !
Je t'aurai, moucheron » !
Il m'a pris dans ses mains,
Il a ouvert la bouche,
Il m'a lancé dedans
Et il m'a avalé.
Je suis tombé au fond
De son gros estomac.
Ça ne sentait pas bon,
Mais je l'ai chatouillé.
L'ogre s'est mis à rire
Et il se tortillait.
Il faisait de grands bonds.
Il s'est cogné la tête
Au toit d'une maison,
Et il s'est assommé.
Alors moi j'ai rampé
Dans son large œsophage
Et je suis ressorti
Lorsque l'ogre a roté.
Je suis rentré chez moi
Et j'ai pris une douche.
CM

AUTRES DÉPARTS
J'ai vu, au cinéma,
Les gens ont défilé
J'ai écrit une lettre
Je suis allé pêcher
Quelques explorateurs
Dans un château hanté
A la télévision
Le film que je préfère
Le sapin de Noël
J'ai perdu une dent

– *L'alexandrin*, royal comme toujours ; en voici deux exemples (CM1) :

Bientôt les élections : les Français vont voter.
Ils ne voteront pas pour Frédéric François
Parce qu'il ne comprend rien à la politique.
Jean-Pierre Papin ne se présentera pas
Parce qu'il est trop occupé par le football.
Marie-José Pérec ne viendra pas non plus
Car elle s'entraîne pour les jeux Olympiques.
Le commandant Cousteau ne sera pas présent
Puisqu'il est sous la mer avec les requins blancs.
Patrick Roy étant mort ne pourra pas venir.
Les Français voteront pour des politiciens
Qui aiment la politique depuis longtemps.
Mitterrand et Chirac, Le Pen, Bérégovoy,
Édith Cresson, Tapie, Rocard, Giscard, Lalonde
Voudraient bien aller à l'Assemblée nationale.

Un pâtissier content s'en allait en chantant ;
Il marchait amusé par un carambolage
D'autos qu'il avait vues zigzaguer dans la rue.
Tout à coup, un marchand de poisson apparut ;
Il était habillé d'un costume élégant.
Il lui dit : « Voulez-vous boire un thé avec moi ? »
Alors le pâtissier répondit : « Je veux bien ! »
Ils partirent joyeux au café Bonaparte,
Et ils burent leur thé en faisant connaissance.
Moralité :
Quand quelqu'un tend la main, il faut la lui serrer.

– Vers peu communs, *l'ennéasyllabe* (exemple au paragraphe 13) et le *décasyllabe* (le vers de la Chanson de Roland) sont difficiles à appréhender, mais on les pratiquera en décomposant : 4 + 5 syllabes ou 5 + 4 ou 3 x 3, 5 + 5).
Renonçons à *l'hendécasyllabe* !

Voici tout de même une écriture *décasyllabique* rimée, par sept élèves de CM1. Une batterie de rimes était mise à la disposition des élèves après l'écriture de chaque premier vers. Ils choisissaient une rime et composaient leur second vers à partir de celle-ci :

Chère directrice, je suis malade
Car je suis tombé dans une embuscade.
Des adolescents m'ont donné des coups,
Ils m'ont frappé à la tête et au cou.
Cela s'est passé au Jardin des Plantes ;
Ils m'ont fait rouler au bas d'une pente
Et je suis tombé au fond d'un bassin.
C'étaient des adolescents assassins !
J'ai failli me noyer dans l'eau vaseuse.
Par bonheur, une jolie promeneuse
M'a sorti de l'eau, m'a pris dans ses bras ;
Elle m'a emmené à l'Opéra
Nous avons vu un morceau de Mozart,
Et nous sommes rentrés chez moi très tard.
Nous nous sommes épousés ce matin,
J'ai mangé trop de gâteau au festin.
Je ne pourrai pas venir à l'école
Car mon intestin est plein de bestioles
Qui n'arrêtent pas de gesticuler.
Donc je suis infiniment désolé
Mais je vais aller visiter l'Écosse
Avec ma femme en voyage de noces.
Je vous enverrai des cartes postales
Avec un gentil mot sentimental.
Signé : Nicolas Mentable

16 Suggestion

Comme l'objectif écrit reste la prose, on utilisera la contrainte rythmique de façon variable, phrase par phrase par exemple. C'est ainsi qu'un CM2 (faible) a pu réaliser ce court texte en prose à partir de rythmes imposés : une phrase de 12 syllabes, une de 8, une de 7, une de 5, une de 10, une de 6, une de 9, une de 11, et une de 4 :

Je vais au McDonald's manger un bon sandwich. Très affamé, je fais la queue. Je m'achète un hamburger. Je prends un Coca. Je pique une paille dans un bocal. Je commande une frite. Je rencontre mon meilleur ami. Je savoure avec lui ce festin de roi. C'est succulent !

Au-delà de l'alexandrin, la notion de rythme d'écriture disparaît car les enfants n'ont pas la conscience globale d'une quantité de syllabes supérieure à 12 pour le vers. Cependant, le jeu poursuivi au-delà déboucherait sur une contrainte liée directement à la prose : déterminer le nombre de syllabes d'une phrase à l'avance, soit en accord avec les participants, soit au moyen de trois dés par exemple.

On ne négligera pas le rap, qui consiste à placer plusieurs syllabes sur une pulsation, sans tenir compte de la règle classique de voyelle prononcée devant la consonne, mais en se basant plutôt sur la prose rimée.

IL A LE SENS DU RYTHME!
DOMMAGE QU'IL ECRIVE COMME UN PIED!
TAP TAP TAP TAP TAP

5

ACROSTICHE DE PROSE
Jeu d'enchaînement

Les trois jeux proposés ici concernent l'enchaînement de phrases ou la réalisation d'un texte entier.

1 Ce travail collectif, au magnétophone, est l'œuvre d'un CM2.

Il suivait immédiatement la lecture d'une histoire :

UNE POMME ÉTONNANTE

Un jour, Julie alla dans son jardin. **N**'ayant pas mangé, elle cueillit une jolie pomme. **E**n entendant un chuchotement, Julie regarda dans tous les sens. **P**ourtant, il n'y avait personne. **O**r la voix continuait de se faire entendre.

– **M**ais ne me cueille pas ! dit la pomme. **M**oi aussi je suis vivante !

Étonnée, Julie regarda la pomme. **E**lle l'emporta à l'école. **T**oute la journée, la pomme fit des réflexions aux enfants. **O**n avait tellement parlé d'elle que le soir, Julie l'oublia en classe. **N**aïve et gourmande, une femme de ménage la mordit. **N**e sentant plus le poids de sa pomme dans sa poche, Julie revint la chercher à l'école. **A**u beau milieu de la classe, Julie trouva la pomme à moitié croquée.

– **N**e me garde pas, lui dit-elle, car je vais mourir. **T**u m'enterreras dans ton jardin. **E**t si tu m'arroses tous les jours, je deviendrai un pommier et tu discuteras plus tard avec moi.

Durée : 10-15 minutes

2 La contrainte

Les enfants proposent des titres pour une histoire qu'on vient de leur lire (ici : « Une pomme étonnante »). Ils racontent collectivement ensuite la même histoire en autant de phrases que le titre comporte de lettres, chaque phrase commençant par une lettre du titre, dans l'ordre.

Autre méthode : inscrire les lettres du titre au tableau. Les enfants font des phrases commençant par ces lettres, sans ordre. On efface les lettres utilisées.

3 Le point de départ n'est pas nécessairement une histoire racontée.

Voici, produit par une classe de CM1 (10 minutes de travail collectif au magnétophone), un paragraphe non préparé, dont le titre seul était convenu :

LE PRINTEMPS

Le printemps est arrivé. Écoutez les oiseaux qui commencent à siffler ! Partout, ils bâtissent leurs nids. Rapidement, ils ramassent de la paille, des brindilles, de la mousse et de la laine. Ils donnent la becquée à leurs oisillons. Nul n'a envie de saccager les belles fleurs qui éclosent dans les jardins. Tant que le printemps est là, nous sommes heureux. Et voilà des papillons de toutes les couleurs qui voltigent dans les airs. Mais regardez donc ce temps magnifique ! Pas un nuage dans le ciel bleu ! Seul le soleil est là, éclatant de lumière !

AUTRES TITRES :
L'automne
Au bord de l'eau
Les manèges
La rentrée des classes
Au mariage
Les voitures
La photographie

4 Le jeu intéressera des enfants d'âges différents.

Voici un compte-rendu d'histoire (un conte) par une classe de 5e. Le titre était : « Le morgann perdu ». (On trouvera à côté le résumé d'une fable de La Fontaine par un groupe de six élèves de CM1 : « Le Lion et le Rat ».)

LE MORGANN PERDU

L'histoire se passe en Bretagne.
En pêchant, Perik trouva un animal étrange, moitié poisson moitié homme.
Maintenant, le morgann était pris au piège dans la bourriche.
– **O**h, regarde ce que j'ai pêché, dit Perik à Yvon.
– **R**este ici, je vais chercher une bassine, répondit Yvon.
Garde le morgann !
Après qu'Yvon « soit » parti, le morgann se mit à parler.
– **N**e me laisse pas dans cette bourriche ! dit-il. **N**'écoute pas ton frère.
Perik laissa s'enfuir le morgann.
Ensuite, grâce au don que le morgann lui avait fait, Perik joua mieux de la cornemuse que son frère. **R**éveillant les morts, il jouait avec vivacité. **D**écouragé, Yvon appela Merlin l'Enchanteur. **U**n à un, les morts regagnèrent leur tombe à minuit et Perik perdit son pouvoir.

LE LION ET LE RAT

Le rat sortit de terre entre les pattes d'un lion. **E**n grognant, le lion lui dit de s'en aller.
Le rat s'enfuit à toutes jambes. **I**l était soulagé.
Or, le lendemain, le roi des animaux partit pour la chasse. **N**e faisant pas attention, il sentit un filet lui tomber dessus. **E**n rugissant et en se débattant, il s'emmêla de plus belle. **T**ristement, il comprit qu'il était prisonnier.
Le rat, qui passait par là, vit le pauvre lion pris au piège. **E**n trottinant, il vint auprès du lion. **R**apidement, il rongea les mailles du filet.
Alors le lion déchira le reste et se libéra. **T**ous deux partirent déjeuner ensemble.

5 Il sera, là encore, utile et stimulant de combiner ce jeu à d'autres.

Voici le même texte (« Le Lion et le Rat ») par de petits groupes d'élèves de CM1 :

Anadiplose (voir chapitre 7)

Un rat sortit de terre entre les pattes d'un lion en pleine fo**rêt**. **Rai**sonnablement, le lion le laissa par**tir**.
– **Tire**-toi de là, lui dit-il, et ne reviens plus sur mes **terres** !
Terrifié, le rat s'en alla aussi**tôt**.
Tôt le lendemain, le lion partit pour la chasse en rugis**sant**. **Sans** se méfier il se fit attra**per**. **Pei**nant et se débattant, il essayait de se débarrasser du fi**let**. **Les** mailles résistaient aux efforts du roi des anim**aux**.
Mort de fatigue, il renonça à se libé**rer**.
Rayonnant de santé, le rat arriva en chan**tant**. **Tan**dis que le lion se reposait, le rat rongea les mailles du fi**let**. **Les** fils craquèrent et le lion s'en débarrassa.
Sa libération fut fêtée par les deux a**mis**.
– « **Mi**am-Miam » ! faisaient les deux compagnons en dînant ensemble.

Agrammaticalité sur le passé simple

Un jour, un rat sort**a** de son trou entre les pattes d'un lion. Le lion, au lieu de le tuer d'un coup de patte, lui laiss**it** la vie. Il lui disa :

– Va-t-en !

Le rat s'en allit en courant.

Le lendemain, le lion part**a** pour la chasse. Il attrap**it** une gazelle et la dévor**it**. Puis il voul**a** faire une sieste et se dirig**it** vers un gros arbre. Tout à coup, un filet lui tomb**it** dessus. Le pauvre lion se débatt**a**, mord**a** le filet, griff**it**, rugi**ssa**, saut**it** dans tous les sens. Mais le filet résist**it**. Le lion découragé se calm**it** et rest**it** prisonnier. C'est alors que le rat arriv**it**. Il v**oya** le lion épuisé. Il se souv**ena** de la gentillesse du lion pris au piège. Il rong**it** les mailles du filet et le lion déchir**it** le reste. Ils se serr**i**rent la patte. Le lion invit**it** le rat à déjeuner et ils dev**enè**rent bons amis.

Jeu de « Chers ennemis »

Un matin, à l'heure où le soleil se couche, un rat étourdi mais attentif sortit de son trou bouché en y entrant. Il aperçut un lion sans le voir. Ce lion, majestueusement ordinaire, jouait sans s'amuser à gratter la terre en béton.

– Va-t'en et reste ici ! dit-il, car il était muet.

Le rat détala sans bouger. Il avait eu peur car il était courageux. Le lendemain la veille, le faible lion très costaud alla pêcher à la chasse. Sur le chemin, en marchant à côté dans l'herbe qui n'avait pas poussé, un filet tomba du sol sur lui. Le lion rugissait en silence. Il se débattait immobile. Il était furieusement calme. Il arracha les mailles du filet qui resta intact.

Alors le rat joyeusement triste arriva vite en trottant lentement et en prenant tout son temps. Avec ses dents saines mais cariées, il rongea quelques mailles sans remuer les mâchoires. Maladroitement, d'un coup de patte habile, le magnifique lion minable se libéra en demeurant prisonnier et s'enfuit sans partir. Il remercia le rat sans lui dire merci. On a toujours malheureusement jamais besoin d'un plus petit grand que soi.

Résumé de six phrases (puisque six élèves)

Un jour, un rat sortit de son trou entre les pattes d'un lion. Au lieu de le tuer, le lion lui laissa la vie sauve. Le lendemain matin, le lion partit pour la chasse. Au retour, des chasseurs aux aguets lâchèrent un filet sur le pauvre lion. Le rat, qui revenait d'une promenade, voulut sauver son ami et rongea les mailles du filet. Ils fêtèrent la libération du lion par un bon dîner.

De la fin vers le début

Le lion et le rat prirent un bon repas. Ils fêtaient la liberté du lion qui avait fini par arracher le filet que les chasseurs avaient lancé sur lui. Juste avant, le rat avait rongé les premières mailles ; il avait commencé le travail. S'il n'était pas venu, le lion n'aurait pas pu se libérer. Le rat, qui avait entendu les rugissements du lion, était accouru à son secours. Il s'était rappelé que le lion lui avait laissé la vie sauve la veille. Le rat était sorti d'un trou juste entre ses pattes. Le lion aurait pu le tuer mais il ne l'avait pas fait.

Le lion et le rat se disaient qu'ils avaient fait une bonne affaire.

En vers de cinq syllabes (par la même équipe)

Un matin, un rat
sortit de la terre
à côté d'un lion,
Amicalement,
le lion le laissa
s'en aller chez lui.
Mais le lendemain,
le lion à la chasse
se fit prendre au piège :
un filet tomba
sur le pauvre lion
qui se débattait
et qui rugissait.
Le rat l'entendit,
trottina vers lui
et rongea les mailles
du filet solide
pour le délivrer.
Ensemble, ils fêtèrent
la libération
du lion majestueux.

Il ne faut jamais
être vaniteux.

Croisement de phrases (par trois élèves de CM1)

Le rat sortit de son trou entre les pattes d'un lion.
Il s'enfuit, effrayé.
Le lendemain, le lion partit à la chasse.
Un filet tomba sur son dos.
Il se débattait.
Le lion découragé s'endormit.
Le rat, entendant ses cris, vint son secours.
Il rongea les mailles du filet.
Le lion craqua le reste.
Ils fêtèrent sa libération par un bon repas.

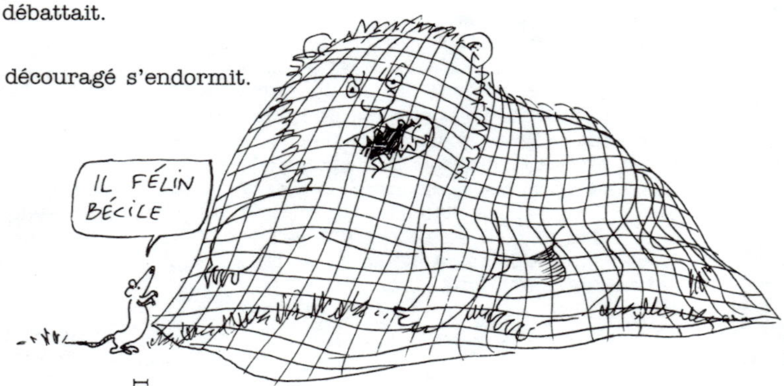

Heptasyllabes et rimes (par une seule élève)

Un rat sortit de son trou.
Il aperçut un lion roux,
crut qu'il allait le manger.
Il était découragé.
Le rat faillit s'évanouir.
Le lion le laissa s'enfuir.
Puis il alla à la chasse.
Il avait l'air très coriace.
Mais il se fit capturer
tout au fond de la forêt.
Le rat qui se promenait
cette belle matinée
vit le lion dans le filet
en train de gesticuler.
Le rat rongea quelques mailles.
Il commença le travail
le lion termina le reste
parce qu'il était très leste.
Sire lion se libéra
et il invita le rat
à boire un coup de champagne
et dîner à la campagne.

6 L'acrostiche de fin de phrase

Il est plus difficile, mais à la portée des enfants. Pour le réaliser, on procède de la même manière que précédemment. Une histoire étant racontée, les élèves proposent un titre ; les lettres du titre se retrouveront (dans l'ordre ou pas) en fin de phrase pour la résumer.
Voici une réalisation par une classe de 6e. (À titre indicatif, on trouvera en regard un résumé de la même histoire par une classe de CM2, en acrostiche de début de phrase.)

DRÔLE DE FAMILLE

Noémie vient dire à sa mère que dans sa chambre Jennyfer fon**d**. Elle veut qu'elle vienne voi**r**. Noémie dit que c'est très rigol**o**.
La mère y va donc et découvre une grande flaque sur le so**l**. Elle envoie Noémie chercher un seau et une serpillièr**e**. Le seau est bientôt plein à ras bor**d**. La mère est étonnée d'entendre sa fille qui parl**e**.
Pendant ce temps, le chien aboie parce qu'il a soi**f**. La mère lui dit :
– Qu'est-ce que tu fais-l**à** ?
Elle se croit dans un drôle de fil**m**.
Jennyfer se reconstitue et comme le chien a uriné, elle se met sur son pip**i**.
Le liquide se met à bouillonner et le corps de Jennyfer redevient norma**l**. La mère, soulagée, lève les bras au cie**l**.
Alors Noémie dit à sa mère qu'elle peut changer de couleur et elle devient vert**e**.

(Voir n° 10, chapitre Le rythme, *vers heptasyllabiques, 6e)*

L'ENFANTASTIQUE

Lundi, la mère de Jennyfer fut dérangée toutes les cinq minutes par Noémie.
– **E**nfin, Noémie, pourquoi me déranges-tu sans arrêt ?
– '**N**yfer n'arrête pas de fondre, maman.
– **F**abuleux, mais laisse-moi lire. **A**ttends que Jennyfer ait totalement fondu et tu me préviendras.
Noémie retourna dans la chambre, le pouce à la bouche. **T**out de suite elle revint et alla chercher le seau et la serpillière dans la cuisine. **A**lors la mère la suivit. **S**tupéfaite, elle faillit tomber dans les pommes en voyant une énorme flaque sur le sol. **T**out à coup, elle entendit une voix bizarre qui venait de la flaque. **I**mmédiatement, Jennyfer se reconstitua. **Q**uand elle fut reconstituée, on s'aperçut qu'il lui manquait la tête. **U**ne poursuite du chien fut organisée dans l'appartement parce qu'il avait bu une partie de la flaque. **E**nfin Jennyfer retrouva sa tête en se plaçant dans le pipi du chien.

7 On ne rejettera pas l'exercice poétique, bien que le projet vise essentiellement la pratique de la prose.

La présentation exigera alors d'aller à la ligne pour chaque phrase ou vers (rythmé ou non, rimé ou non). L'exercice étant plus facile, les enfants travailleront volontiers seuls ou en équipes de deux (mais l'exercice reste plus riche quand il est pratiqué sur des phrases) :

Mes amis, voulez-vous venir dans le métro ?
Emmenez-nous, on vous suit.
Tiens, la rame arrive ; dépêchons-nous.
Raphaël ! Bouge-toi ! Le métro arrive.
On a bien fait d'inventer le métro.

Proclamation : le métropolitain est sale.
Oh ! dit un crétin qui passait par là. Il y a des rails !
Les contrôleurs passent. Votre billet !
Il y a le métro qui arrive.
Tu as de l'argent ? demande un clochard.
Abracadabra ! Que le métro vienne devant moi !
Il arrive, c'est super !
Nous entrons dedans.

Pourquoi cette ville est-elle la capitale de la France ?
Ah ! mais c'est parce qu'elle est grande et que la Seine y passe !
Rappelez-vous que cette ville a une longue histoire.
Imaginez-vous qu'elle a été occupée par les nazis de 1940 à 1944.
S'il n'y avait pas eu ces courageux résistants parisiens, nous serions peut-être allemands !

8 L'acrostiche de prose permet d'écrire tous les textes qu'on veut :

Fiction, documentaire, courrier, etc. Voici, par trois élèves de CM1, un compliment de mariage (adapté de l'épithalame) en acrostiche de phrases à partir des prénoms des époux :

STÉPHANE/DÉBORAH

Sûrement, Déborah est heureuse de se marier avec Stéphane. **T**ous leurs parents et leurs amis se réjouissent. **É**videmment, Déborah porte une longue robe blanche. **P**our l'habiller, sa mère a dépensé beaucoup d'argent. **H**ésitante, la mariée sort de chez elle pour monter en voiture. **A**près quelques minutes de route, Déborah retrouve Stéphane à la mairie. **N**aturellement, Déborah est émue. **E**lle pense que plus tard elle aura des enfants. / **D**ès qu'elle voit les anneaux de mariage, elle pleure. **E**lle espère vivre longtemps avec son mari. **B**ien entendu, à la fin de la cérémonie, ils se donnent un baiser. **O**n vient les féliciter et leur souhaiter beaucoup d'amour. **R**ougissante, la mariée remercie les invités. **A**uprès d'elle, Stéphane est joyeux.
Honneur aux jeunes mariés !

9 En combinant l'acrostiche au logorallye

Proposer à une classe (après lecture d'une histoire) de faire une phrase-résumé. Écrire cette phrase au tableau. Raconter ensuite toute l'histoire à raison d'un mot de celle-ci par phrase proposée, et dans l'ordre. Voici un exemple, par une classe de 6e (collectivement et au magnétophone).
La phrase-résumé du conte était la suivante :

« Une sorcière a transformé le derrière d'un petit garçon en citrouille mais grâce à une toupie magique, l'enfant retrouve son postérieur. »

Dans **une** rue, un petit garçon montrait ses fesses aux passants.
Une **sorcière** lui changea le derrière en citrouille.
Alors, le garçon **a** pris le pantalon de son père, parce que le sien était trop étroit. La mère fut surprise en voyant l'enfant **transformé**. Elle alla voir **le** médecin qui se mit à rire. Elle montra ensuite le **derrière** de l'enfant au curé. Elle traîna son fils **d'un** pas rapide vers la boutique de Merlin l'Enchanteur. Le **petit** marchait les jambes écartées.
– Mon **garçon**, que t'est-il arrivé ? demanda Merlin.
– Une sorcière m'a changé le derrière **en** citrouille.
Merlin observa la **citrouille**. Il donna une toupie à la mère **mais** il oublia de lui dire la formule magique.
– **Grâce** à cette toupie, vous pourrez faire tourner la sorcière, dit-il.
La mère et l'enfant allèrent **a** la maison de la sorcière. **une** tête monstrueuse à chevelure verte apparut. Le garçon s'approcha de la table et sortit la **toupie** de sa poche. Il prononça la formule **magique**. La sorcière se mit à danser en levant les bras en l'air. **L'enfant** lui demanda de lui rendre ses vraies fesses. Il **retrouva** son postérieur humain. La sorcière épuisée se laissa tomber dans **son** fauteuil. Avant de partir, le gamin lui remontra son **postérieur** !

Suite à ce texte, devant les mauvais passés simples, je propose une réécriture de passés simples volontairement faux :

Un enfant montrit ses fesses à une sorcière. Elle lui jetit un sort. Son postérieur se transformit en citrouille. Le gamin rentrit chez lui. Il découpit un pantalon de son père. Il l'enfilit. La mère arrivit. Elle voya son garçon bizarre. Elle hurlit. Elle appelit le père de l'enfant. Le père lui flanquit une fessée. Mais il se faisa très mal. On l'emportit à l'hôpital, etc.

Puis un second jeu, sur le même sujet, sous forme de questions :

Vous montrâtes vos fesses aux passants ? La sorcière vous ensorcela ? Elle vous changea le postérieur en citrouille ? Vous ccurûtes chez vous ? Vous sautillâtes ? Vous ouvrîtes la porte ? Vous allâtes dans votre chambre ? Vous ôtâtes votre vieux pantalon ? Vous choisîtes un pantalon de votre père ? Vous le découpâtes ? Vous l'enfilâtes ? Vous vous admirâtes ? Vous vous observâtes dans le miroir ? Vous vous trouvâtes beau ? Votre mère entra ? Que fit-elle ? Que dit-elle ? Que lui répondîtes-vous donc ?

10 Parenthèse

Une autre disposition permet de privilégier la recherche du vocabulaire ou la recherche grammaticale. Il s'agit de placer l'acrostiche horizontalement et de disposer sur les lettres des mots d'autres mots en stalagmites ou en stalactites. Les trouvailles fonctionnent alors comme autant de solutions aléatoires pour embellir l'ensemble qui demeure pourtant toujours repérable en dépit des surcharges.

Voici deux exemples par un CM2 :

```
                          m
                          é
                          c
                          h                   f
                          a                   r
                          n                   i
                          t                   p
                          e                   o
L e s   F O U R B E R I E S   d e   S C A P I N
        o s n u i x i m x           o o c l n
        l é i s z t d a t           u m t a t
        l e q é a r i g r           r i i i e
        e s u e r a c i a           n q f s l
        s   e s r o u n v           o u   a l
            s   e r l a a           i e   n i
                s d e i g           s     t g
                  i s r a                   e
                  n   e n                   n
                  a   s t                   t
                  i     e
                  r     s
                  e
                  s
```

```
                    f
                    a
                    n
                    t
                    a
                    s
                    t
                    i
                    q
                    u
                    e
L e s   V O Y A G E S   d e   G U L L I V E R
        i r   u é t           é t i i n a p o
        o g   d n r           a i l b t i o m
        l u   a i a           n l l r r l u a
        e e   c a n           t e i e é l v n
        n i   i u g               p   p a a e
        t l   e x e               u   i n n s
        s l   u   s               t   d t t q
          e   x                   i   e   a u
          u                       e       b e
          x                       n       l
                                          e
```

La même recherche (de vocabulaire et grammaticale) fonctionnera en sens inverse en donnant aux enfants adjectifs ou adverbes à agrémenter de noms ou verbes pouvant logiquement y être associés. Exemples (par le même CM2) :

Que peut-on faire RAPIDEMENT ?

```
          a
          p
          p
c         r
o         e
u         n   l
r         d   i
i         r   r
R A P I D E M E N T
  v a n é   a   a r
  a r v b   r   g a
  n t e a   c   e v
  c i n r   h   r a
  e r t r   e     i
  r   e a   r     l
      r s         l
        s         e
        e         r
        r
```

Qu'est-ce qui peut-être FANTASTIQUE ?

```
        t
        o
        r
        t           u
        u           n
  D     e
  r                 z
  a S   n           o
  c a   i           m
  u t   n           b
  l a   j           i
F A N T A S T I Q U E
r     r   o y n u l
a     i   r r d a y
n     c   c a i s s
k     é   i n a i s
e     r   e n n m e
n     a   r o a o
s     t     s   d
t     o     a J o
e     p     u o
i     s     r n
n           e e
              s
```

11 Jeu plus bref : réaliser un acrostiche sur une seule phrase

Pour cela, il faudra que les lettres du mot (ou du groupe de mots) se retrouvent en initiales des mots qui composent la phrase. Voici quelques exemples, par des élèves de CM1 (ces enfants travaillaient en équipes de deux) :

Janvier : « **J'a**i **n**avigué **v**ers **I**stambul **e**n **r**adeau. »
Écharpe : « **É**dith **c**herche **h**onteusement **à** **r**egarder **p**asser **É**ric ».
Simplet : « **S**on **i**dée **m**e **p**laît ; **l**umineuse, **e**lle **t**ourbillonne ».

L'acrostiche est facile à cacher sur les initiales des verbes, comme le montre cette production d'un enfant de CM1 (travaillant seul après avoir assisté à une représentation théâtrale) :

En vacances, j'ai **s**cié du bois avec mon père. Je le **c**oupais grâce à la hache. Je n'**a**bîmais jamais le bois car je ne la **p**erdais pas des mains. Le manche de la hache m'**i**rritait les mains. J'ai **n**arré cette histoire en l'honneur de Molière.

Ce jeu sur les verbes peut être pratiqué par une classe à partir du titre d'une histoire (ou d'un titre de rédaction). Voici « La Belle et la Bête » par un CM1 (magnétophone, durée : 10-15 minutes).

Une nuit, un marchand **l**oge dans un château bizarre. Soudain un homme monstrueux **a**rrive. Il ne **b**rutalise pas le marchand, mais il **e**xige qu'il **l**aisse sa fille **l**oger au château à sa place. La Belle **é**coute son père. Elle **e**mménage au château. La Bête ne la **t**ue pas du tout. Au contraire, elle la **l**aisse **a**ller partout librement. La Belle, à la fin, **b**aise la fourrure de la Bête qui s'**é**croule et se **t**ransforme en prince. La Belle **é**pouse le prince.

On pourra également travailler sur un sujet imaginaire : les verbes alors induiront l'histoire au gré des difficultés. Mais on doit tout de même proposer un mot ou un groupe de mots à dissimuler sur les initiales des verbes. Dans ce cas, le texte obtenu n'est pas nécessairement lié à l'acrostiche.

12 Quelques exercices préparatoires

– Recherche de phrases dans les livres de lecture : par quelles lettres commencent ou finissent-elles ?
– Recherche de phrases commençant ou se terminant par telle ou telle lettre donnée.
– Recherche de phrases commençant ou finissant par telle ou telle lettre, de manière à composer un mot sur les initiales.
(Sans lien obligatoire entre ces phrases.)
– Travail systématique de l'impératif, du participe présent, de la forme interrogative (ces travaux aideront les enfants à imaginer des phrases commençant par des lettres peu fréquentes en début de phrase).

– Recherche d'adverbes (l'adverbe en début de phrase permet de recourir à des lettres peu utilisées habituellement).
– Apprendre à déplacer les compléments circonstanciels, et plus particulièrement à en placer en début de phrase.
– La narration d'une histoire constitue, nous l'avons souligné, un excellent point de départ. La réalisation aussitôt après de résumés brefs (deux ou trois phrases) aidera les enfants à trouver rapidement l'ossature du texte plus riche qu'ils pourront développer ensuite.

AUTRES DÉPARTS
Les fables
Les fabliaux du Moyen Âge
Les contes
Les pages de lecture faites en classe
Les comptes-rendus de visites
Les résumés d'histoire, de géographie, de sciences
Les descriptions de tableaux
Les résumés de films, de pièces de théâtre, d'articles de presse, d'évènements sportifs ou historiques
Les relations de faits divers

A noter : l'acrostiche peut être taquin, ou fourbe, dissimuler un message plus ou moins caché. On pourra le produire encore à partir de syllabes ou de mots. L'intérêt pédagogique sera bien évidemment différent, alors.

6

L'ACROSTICHE ABÉCÉDAIRE
Jeu d'enchaînement

Ce jeu est un cas particulier de l'acrostiche de prose.

1 **Ce travail collectif a été réalisé par une classe de 5ᵉ.**

Le texte est progressivement écrit en deux couleurs au tableau. Il s'agit d'un dialogue garçon-fille, les répliques du héros étant l'œuvre des garçons, celles de l'héroïne l'œuvre des filles.
Durée du travail : de 20 à 30 minutes.

– Allons au cinéma tous les deux si tu veux ? (*garçon*)
– Bien sûr, mais à quelle heure ? (*fille*)
– 5 heures ; quel film irons-nous voir ?
– « Dracula » ; tu l'as déjà vu ?
– Est-ce que tu ne vas pas avoir peur ?
– Fantastique ! j'adore avoir peur, et toi ?
– Grosse menteuse ! tu as peur de tout !
– « Héros malgré lui » n'est pas mal non plus.
– Irons-nous seuls ou avec des amis ?
– Je croyais qu'on y allait tous les deux ?
– Kevin Costner joue-t-il dans « Héros malgré lui » ?
– Lui non, mais Dustin Hoffman oui.
– Mais je le savais bien, c'était pour tester tes connaissances !
– Ne parlons plus de ça, qui va payer ?
– Oui, bonne question : que chacun paie sa place.
– Pour l'invitation, c'est raté !
– Qu'est-ce que tu racontes, nous sommes un couple moderne !
– Retrouvons-nous à 4 heures et demie devant le cinéma.
– Surtout, n'oublie pas que nous allons au Gaumont !

AUTRES DÉPARTS
Allons au théâtre/cirque/foot...
Avez-vous déjà pris l'avion ?
Avez-vous une voiture ?
Aimez-vous les chiens ? les chats ?
Avez-vous pris le métro ?
Apprends tes leçons au lieu de jouer !
Asseyez-vous donc, je vous écoute...
Arrêtez de fumer !

– Tout bien réfléchi, allons à l'UGC, les places sont moins chères !
– Utiliserons-nous nos « cartes jeunes » ?
– Volontiers, mais tu paieras le pop-corn à l'entracte.
– Waouh ! tu exagères !
– Xavier, serais-tu radin ?
– Yes, mais il n'y a pas de honte à ça !
– Zéro pour la galanterie !

2 La contrainte est simple

Dialoguer de sorte que chaque réplique commence par une lettre de l'alphabet dans l'ordre, de A à Z. Le travail peut également être enregistré au magnétophone. (Après écriture, lire et faire lire : faire jouer théâtralement même. Magnétoscoper éventuellement.)

3 On n'est pas limité au dialogue.

Les enfants, sur la contrainte, produiront encore des textes narratifs, ou descriptifs (CM1) :

Avez-vous déjà visité la France ?
Bordeaux est une belle ville
au bord de la Garonne,
et qui produit du bon vin.
Clovis fut le premier roi
de tous les Francs.
Dans Paris, il y a beaucoup
de monuments.
Eiffel a construit une grande tour
il y a cent ans.
Faites le tour de l'Arc de
Triomphe, vous verrez
que c'est très intéressant.
Grand et Petit Palais sont l'un
en face de l'autre.
Habitez les grands hôtels
de Paris : ils sont luxueux.
Il y a plein de musées à visiter.
Je suis allé (e) au musée
du Louvre et au musée d'Orsay.
« **K**ing Kong » passe en ce moment
au meilleur cinéma
sur les Champs-Élysées.
Le Président est passé
aujourd'hui place de la Concorde.
Marseille, ville située au bord
de la mer Méditerranée,
est ensoleillée.
Notre-Dame de la Garde est un
monument célèbre de Marseille.
Où aller maintenant ?
Pourquoi n'irions-nous pas
en Bretagne voir les menhirs ?
Quelles bonnes crêpes nous
mangerons à Quimper !
Rouge et rond est le soleil
lorsqu'il se couche à l'ouest
dans l'océan Atlantique.
Si tu vas en Savoie, tu feras
du ski.
Toulouse est réputée pour
ses saucisses.
U...
Z.

AUTRES DÉPARTS
Avez-vous déjà visité...
des pays imaginaires ?
des musées ?
des monuments ?
un collège ?
le marché aux puces ?
un navire de guerre ?
un port ?
un aéroport ?
une usine ?
le centre de tri postal ?
un théâtre ?
l'Opéra ?
la garde républicaine ?
les égouts de Paris ?
Euro Disney ?
Un parc d'attractions ?

Pour écrire une biographie, il conviendra d'abord de repérer les dates importantes de la vie du personnage (naissance, enfance, mariage, profession, enfants, mort), et les dates de l'histoire du pays où on le fera vivre (ou du pays où il aura réellement vécu).

Voici deux exemples, par deux classes de CM1 :

Anne Dupont est née le 10 juin 1979 à Paris. **B**aptisée à Saint-Étienne-du-Mont le 21 juin, elle demeurait rue du Regard. **C**'est à l'âge de trois ans qu'elle commença le piano. **D**ès son premier cours on s'aperçut qu'elle était douée. **E**lle avait beaucoup d'oreille. **F**igurez-vous qu'elle fut capable, après avoir entendu une fois la gamme, de la rejouer à deux mains. **G**randement ébahis, ses parents lui achetèrent aussitôt un piano. **H**abile, une semaine plus tard, Anne jouait déjà « Au clair de la lune ».
– **I**l faut, disait le professeur à ses parents, qu'elle travaille deux heures par jour car elle est douée.
– **J**e suis tout à fait d'accord », répondait la mère.
Karine, sa tante, faisait remarquer que cet emploi du temps n'était pas bon pour une fillette de cet âge. **L**e jour de ses six ans, Anne entra dans une école ou l'on faisait beaucoup de musique. **M**aintenant, elle suivait des leçons de piano tous les jours. **N**...
(inachevé)

Amélie Dupont est née en 1930 à Montignac. **B**ien souvent, quand elle était enfant, elle allait dans les bois de Lascaux jouer à la petite guerre. **C**haque jour, elle retrouvait ses amis au « grand chêne ». **D**epuis un an, hélas, la guerre avait éclaté. **E**lle était terrible, mais n'empêchait pas les enfants de s'amuser dans cette région. **F**inalement, tout près d'un château en ruine, Amélie et ses compagnons découvrirent un trou recouvert par les ronces et les broussailles.
– « **G**ardons notre calme, dit Jacques, je vais chercher une faux ».
Habilement, il dégagea l'ouverture de ce qu'on appelait « le trou de l'âne ». **I**ls jetèrent des pierres dedans pour le sonder. **J**acques et ses amis étaient impatients de descendre au fond. (**K**). **L**e problème était l'étroitesse de l'entrée. **M**arcel alla chercher une pioche pour l'agrandir.
– « **N**ous allons descendre, décida Jacques.
– **O**ù allons-nous atterrir ? se demandait Amélie. **P**eut-être dans le souterrain du château ?
– **Q**uand descendons-nous ! » s'impatientait Marcel.
Rapidement, Jacques avait attaché une corde à un arbre. **S**'agrippant à celle-ci, il descendit le premier. **T**ous le suivirent.
– « **U**ne grotte préhistorique ! s'écria Amélie. **V**raiment, ces peintures rupestres sont des chefs-d'œuvre. (**W**). (**X**). **Y** a-t-il d'autres salles ?
– **Z**ut ! la lampe est éteinte ! »

Beaucoup d'autres formes d'écriture sont possibles.

4 Demander l'acrostiche abécédaire en fin de phrase permet de moduler la difficulté.

Voyez cet exemple, par une classe de CM1 (durée : 40 minutes) :

Un matin, Pierrot sortit de chez lui et il s'en all**a**. Il alla acheter des graines de baoba**b**. Sur le chemin il rencontra un marchant de taba**c**. Celui-ci s'appelait Davi**d**. Pierrot en profita pour lui acheter un cigar**e**. Par terre, il trouva un bâton qu'il tailla avec son cani**f**. Il passa devant un campin**g**. Il rencontra Débora**h**. Elle était occupée à piétiner une fourm**i**. Sur son T-shirt, elle portait la lettre **j**. (C'était parce que le T-shirt avait appartenu à sa sœur qui s'appelait Janic**k**.) Pierrot n'aimait pas la voir écraser les fourmis, car ces insectes ne font riens de ma**l**.
– Je ne te connais pas, dit Pierrot à Déborah, quel est ton no**m** ? Et pourquoi écrases-tu les fourmis qui ne te font rie**n** ?
Déborah eut tellement honte qu'elle partit en mot**o**. Pierrot s'arrêta dans un grand cham**p**. A côté se trouvait une ferme où chantait un co**q**. Pierrot n'avait pas oublié qu'il devait aller acheter des graines de baobab chez un jardinie**r**. Mais le jardinier n'avait que des fleur**s**. Pierrot acheta des géraniums et rentra chez lui gaiemen**t**.
Sur le chemin du retour, il traversa un petit ruissea**u**. Il vit un pêcheur qui portait sur la tête un chapeau en forme de **v**. Ce pêcheur avait laissé son matériel dans un bungalo**w**. La bourriche de poissons était cachée dans l es roseau**x**.
Pierrot repartit et comme il avait soif il but de l'eau de Vich**y**. Quand il rentra chez lui, tout fatigué, sa femme lui prépara un bol de ri**z**.

AUTRES DÉPARTS
– Jean vit un joli papillon et il l'attrap**a**.
– Dans la rue, un vieillard glissa et tomb**a**.
– Un jeune homme vit une demoiselle à sa fenêtre et il l'appel**a**.
– L'homme poussa la porte et entr**a**.
– Le géant attrapa l'enfant et le soulev**a**.
– La sorcière saisit son balai et s'envol**a**.
– Le voleur entendit un bruit et il s'arrêt**a**.

5 L'acrostiche abécédaire offre de nombreux débouchés grammaticaux

en raison de son caractère abstrait et limité à vingt-six propositions. Mais avant d'en parler en détail, lisez ce texte composé collectivement, au magnétophone, par une classe de CM. Il s'agissait, après lecture du texte original en vieux français, de récrire le sac de l'abbaye de Seuillé, de Rabelais (acrostiche ici sur les verbes) :

Un jour, des soldats **a**ttaquèrent l'abbaye de Seuillé. Ils se **b**attaient à cause d'une dispute entre des marchands de galettes. Ils **c**oururent **d**étruire les vignes de l'abbaye. Ils **e**mplissaient les tambours et les tambourins de raisins. Frère Jean des Entommeures se **f**âcha contre les pillards, qui se **g**avaient de raisin. Frère Jean **h**urla de colère. Il **i**nterrompit les prières des moines qui **j**acassaient dans l'abbaye. Pendant ce temps-là, les autres pillards **k**idnappaient les femmes et les enfants. Frère Jean **l**utta contre les soldats avec le bâton de la croix. Il les **m**assacrait. Il les **n**arguait. Il leur **o**uvrait le crâne et il leur **p**étrissait la cervelle. Les pillards **q**uittaient la vigne rapidement. Frère Jean les **r**attrapait. Il leur **s**ortait les boyaux du ventre. Il les **t**orturait. Il **u**tilisait sa croix pour **v**aincre l'armée. Les moinillons **w**agonnaient les morts hors du champ. Avec sa croix, frère Jean **x**ylophonait sur les casques des gens. Il **y**odlait de joie. Il en **z**igouilla 13 622 sans les femmes et les enfants !

AUTRES DÉPARTS
Toutes les pages d'auteur qu'on voudra ! Lire de courts chapitres aux enfants et leur demander de récrire. (Si l'on ne trouve pas de verbes pour certaines lettres, sauter – ou accepter des astuces dès lors qu'elles sont comprises par tous.)

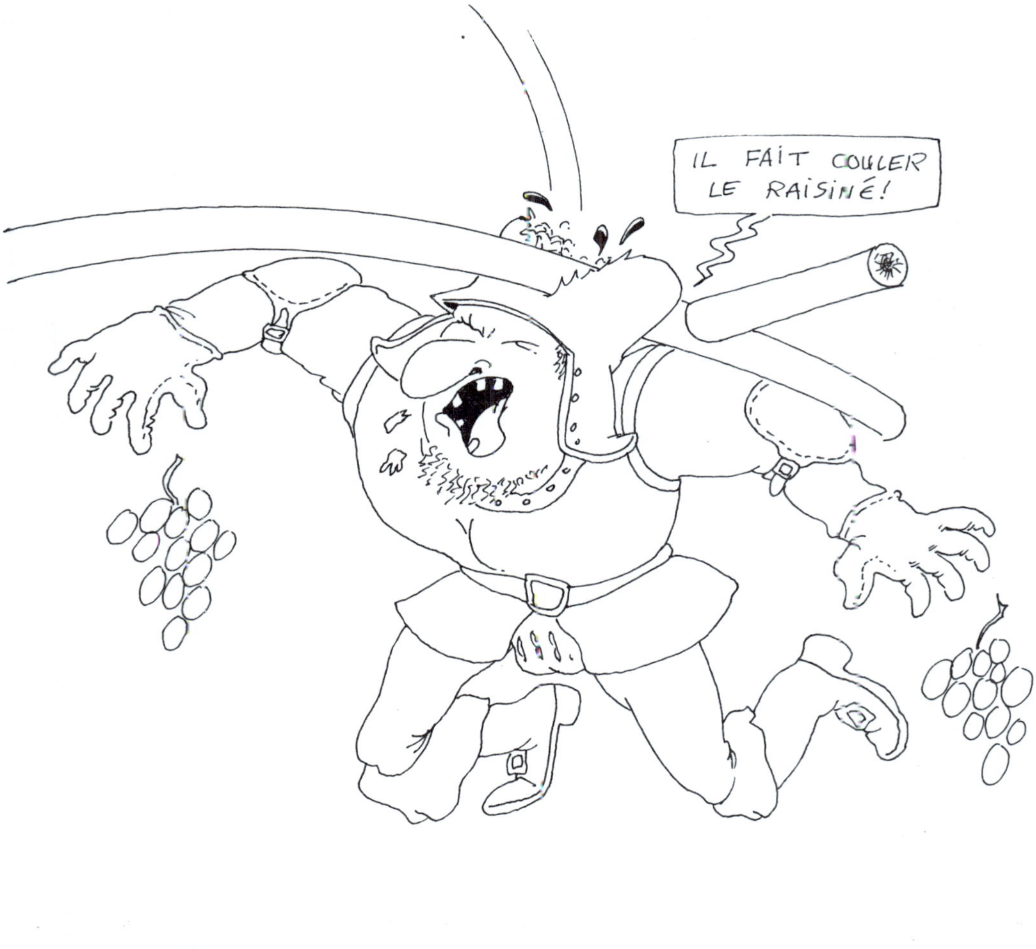

Si l'on ne souhaite pas aller directement au texte suivi, voici un exercice intermédiaire, également basé sur les verbes en ordre alphabétique. Il consiste à choisir des verbes, à les classer en ordre alphabétique (tant pis si certaines, lettres ne sont pas représentées) et à demander aux enfants d'imaginer les actions d'un personnage. Les deux exemples qui suivent sont respectivement l'œuvre collective d'un CM1-2 et d'un CP en fin d'année scolaire :

Monsieur Dupont **va** tous les samedis au marché acheter son pain. (De retour du marché, il **va** pêcher la truite au bord de la rivière.) (Aller)
Tous les dimanches, Monsieur Dupont **aplatit** sa pâte pour faire une tarte aux pommes. Il **a appris** à faire la cuisine à l'école.
Monsieur Dupont **a bâti** une maison pour son fils qui vient de se marier.
Monsieur Dupont **court** tous les dimanches matin au Luxembourg. Il **déteste** boire de l'alcool car il est sportif.
Lorsque sa femme est en vacances, Monsieur Dupont lui **écrit** des lettres gentilles.
Des magnolias **fleurissent** dans son jardin.
Monsieur Dupont ne **grandit** plus parce qu'il est trop vieux. (H I J K L)
Monsieur Dupont ne **mange** jamais de viande car il est végétarien. Il ne **se nourrit** que de végétaux et de poisson. Il **ouvre** des boîtes de conserve quand sa femme n'est pas là.
Le hamster de Monsieur Dupont **a péri** en entrant dans un tuyau de la salle de bains. (Q R)
Monsieur Dupont « **succombe** » souvent de fatigue après avoir porté des sacs de pommes de terre de 50 kilos. Il **est tombé** dans l'escalier. Il ne **travaille** plus car il est à la retraite. Il a **trouvé** dans ses vieux papiers beaucoup de souvenirs.(U)
Il a « **vu** » son passé dans sa tête.
(W X Y Z)

Un gros dragon rouge et vert **avançait** dans la rue.
Il **bâtit** une maison.
Mais il **casse** plein de briques.
Il **découvre** soudain une clé.
Il **entre** dans sa maison.
Il **ferme** la porte.
« On **gèle** vraiment dans cette maison ! » (H)
Le dragon **imagine** la construction d'une cheminée.
Il **jette** des flammes par la bouche. (K)
Il **lit** tranquillement une histoire.
Il **mange** des frites avec du poulet.
Maintenant, il **nettoie** la nappe.
Il **observe** bien la nappe (pour voir si elle est propre).
Il **ôte** ses habits. Il **organise** une fête.
Il **prépare** plein de bons gâteaux.
Il **prépare** des glaces. Il **prend** des guirlandes. Il **propose** un verre de champagne à ses invités. (Q)
Il leur **raconte** une histoire.
Les amis **sont** sur un canapé.
Ils ne **tarderont** pas à rentrer chez eux.
Ils **voleront** au-dessus de Paris pour (U) rentrer chez eux.
(W X Y Z)

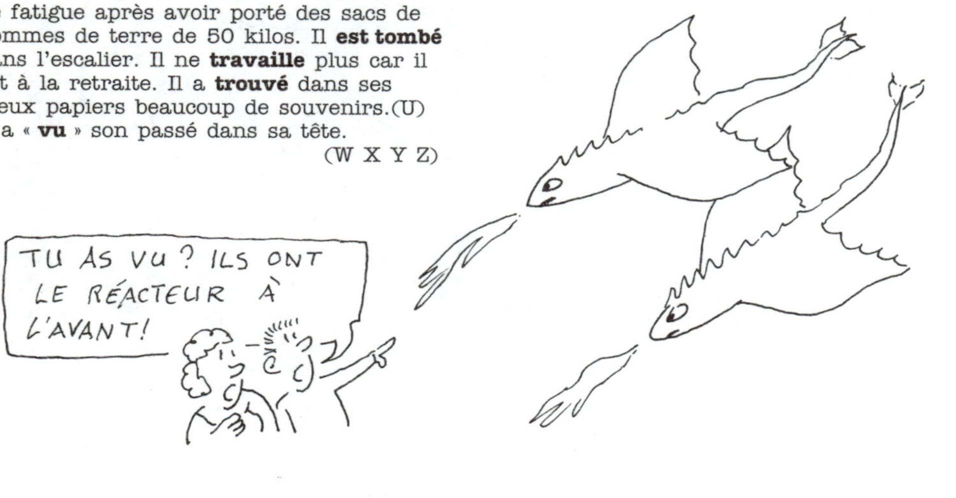

Par des élèves de CM2, à partir de verbes en ordre alphabétique, et avec obligation supplémentaire de justifier les propositions, voici quelques phrases sur un peuple imaginaire : les Jupitériens.

Les Jupitériens vont au lac reprendre des forces.
bâtissent les arbres parce qu'ils ne poussent pas seuls sur Jupiter.
courent dans les turbines pour faire l'électricité.
détruisent les maisons neuves parce qu'ils n'aiment que les anciennes.
n'écrivent qu'à ceux qui sont près pour ne pas payer de timbres.
font du rodéo sur les chiens parce qu'ils n'ont pas de chevaux.
grandissent jusqu'à leur mort pour avoir le plus grand sarcophage.
haïssent les sorcières parce qu'ils les trouvent trop gentilles avec les enfants.
ne s'instruisent pas parce qu'ils deviendraient trop intelligents.
jouent avec la nourriture parce qu'ils mangent des pierres...

6 Pour des élèves plus petits

– Sur le thème des vacances, voici le jeu de « A comme » :

A comme Avion, Amuser, Août : Pendant le mois d'août, je suis allé en avion au bord de la mer et je me suis bien amusé(e).
B comme Ballon, Bateau, Baigner, Balançoire : En vacances, j'ai fait de la balançoire, j'ai joué au ballon, et je me suis baigné(e).

Cours préparatoire

– Autre possibilité : A comme rAt, tAbAc, lilAs...

– Voici le jeu de la forme négative, en associant obligatoirement par leurs initiales au moins un nom et le verbe :

Les avions n'arrosent pas la pelouse.
Les bateaux ne barbotent pas dans la mare.

Cours préparatoire

– Variante : associer un prénom et un verbe. Dans l'exercice suivant, les enfants de la classe (CP encore) ont été amenés à employer en outre la conjonction de subordination « pendant que » :

Pendant que Morgane mange du nougat, Marie marche en rond.
Pendant que Nicolas nettoie la vaisselle, Neal se noie.

Voici encore quelques phrases, sans ambition de construire un texte suivi, provoquées par la question :

« Toc-Toc ! On frappe à la porte. Qui est-ce ? »
– C'est peut-être un apiculteur qui m'apporte du miel !
– C'est peut-être un bandit qui veut me battre !
– C'est peut-être un coiffeur qui veut me couper les cheveux !
– C'est peut-être un docteur qui vient me donner du sirop !
– C'est peut-être un éléphant qui vient m'écraser !

– Ajoutons la forme interrogative (CE2) :

Fanny **f**ait-elle bien les gâteaux pendant que **J**ennyfer **j**oue au tennis ?
Bernadette **b**avarde-t-elle pendant qu'Aurélien **a**pporte une tarte ?
Aude **a**rrive-t-elle pendant que Laetitia **l**ave sa chemise ?
Émilien **é**crit-il pendant qu'Émilie s'**é**veille ?
Mickaël **m**ange-t-il une tarte pendant que Tatiana **t**aquine sa petite sœur ?
Mickaël **m**ange-t-il pendant que François **f**ait du bruit ?

7 L'acrostiche abécédaire sur le verbe permet de travailler l'impératif en s'amusant.

Exiger pour cela que les verbes choisis se suivent en ordre alphabétique, et que la phrase précise à chaque fois qui parle à qui (et les circonstances). Voici quelques travaux d'enfants de CE2 :

dit…à…*(refus d'entendre deux fois la même chose)*
– Apporte ton livre, dit la maîtresse à l'élève.
– Bouche les trous d'aération, dit le patron à son employé.
– Cache tes bijoux, dit la mère à sa fille.
– Débrouille-toi pour faire tes devoirs, dit le père à son enfant.
– Fonce en avant, dit l'entraîneur de rugby au joueur.
– Gérez votre argent, dit le banquier à son client.
– Hache cette viande, dit le boucher à son apprenti.
– Invite ton ami à dîner, dit la femme à son mari.
– Jurez de dire la vérité, toute la vérité, rien que la vérité, dit le juge au témoin.

Puis, par un CM1, en combinant les contraintes (impératif + pronom relatif + verbes de même initiale) :

– **A**ttrapez ce cheval ! ordonna le chevalier aux écuyers **qui a**rrivaient.
– **A**ttrapez ce voleur ! ordonna le directeur du supermarché **qui a**ppelait les gendarmes.
– Ne vous **b**lessez pas ! dit la mère à ses enfants **qui** se **b**alançaient.
– **C**ours ! dit le professeur de gymnastique à l'enfant **qui c**hatouillait ses camarades.
– **D**éguste ta pâtée ! ordonna la petite fille à son chien **qui d**étestait ça...

Commençons des phrases par l'infinitif (CE1) :

Apprendre ses leçons, c'est difficile.
Boire de la bière fait tourner la tête.

Autre combinaison, par un CM2, mais toujours avec le pronom relatif : l'acrostiche abécédaire porte cette fois sur tous les mots (non déterminants) de la phrase. Il s'agit de productions individuelles :

Un **a**rchitecte qui **b**âtissait des **c**athédrales **d**étestait les **é**chafaudages.
Un **a**crobate qui **b**attait son **c**hien **d**étestait les **é**pagneuls.
Des **c**antinières qui **d**étestaient les **é**pinards **f**aisaient des **g**âteaux.
Une **d**irectrice qui **e**ssuyait sa **f**enêtre **g**aiement **h**aïssait les **i**mbéciles.

En option, voici la voix passive – par des enfants de CE2 ; il s'agit de productions individuelles :

1/ Un Israélien est jeté à la mer par un karatéka.
Un boulanger est cogné par un dentiste.
Un jardinier est kidnappé par un luthier.
Un Américain est bousculé par un Chinois.
2/ Un livreur a été maltraité par un notaire.
Un dromadaire a été équipé par un facteur.
Un lardon a été mangé par un nettoyeur de carreaux.
Un docteur a été éliminé par un fermier.
3/ Un bijou a été caché par un danseur dans une école.
Hugoline a été invitée par Jeanne chez Kéziah.
Un zoologiste a été arrêté par un bouquiniste dans un café.
Un chacal a été dompté par un écrivain dans une foire.

8 **Compliquons ce jeu,**

et, sans souci de logique, demandons aux enfants d'*associer à chaque nom d'une phrase un adjectif qualificatif de même initiale, à chaque verbe un adverbe de même initiale* et réclamons l'ordre alphabétique à l'intérieur même de la phrase. Voici quelques phrases individuelles :

Un	perroquet	pressé	et	un	quincaillier	quelconque	rasent
	P	P			Q	Q	R

rarement	des	saxophonistes	sauvages	sous	un	toit	tordu.
R		S	S			T	T

Un éléphant étonnant fréquente facilement un gorille géant dans une habitation hideuse pendant qu'une institutrice inactive joue joyeusement avec un kangourou kaki dans une locomotive lente.

En suggérant l'emploi de mots de liaison appropriés, on pourra pousser un texte collectif de A jusqu'à Z si on le souhaite, sur les mêmes contraintes :

Un acrobate africain boit bruyamment un cognac chaud
avec un dauphin drôle qui écoute énormément le
facteur farfelu
parce qu'une grosse grenouille
habite heureusement un igloo insensé avec un
jongleur jaloux et une kinésithérapeute karatéka dont la
longue ligne de vie mentionne malheureusement des nuances
négatives
car un orang-outan orange prépare poliment une
quiche quelconque qu'un renard rusé a salie soigneusement
pour qu'une taupe triste utilise... le vieux vélo d'un
Wisigoth wallon sur lequel un xylophoniste xénophobe et
yougoslave zigzaguait !

9 L'emploi systématique du pronom relatif

Associons maintenant le travail sur l'acrostiche abécédaire à *l'emploi systématique du pronom relatif.* Voici un premier exemple de carambolage (travail collectif ; 20-25 minutes) par une classe de CM1-2 :

> Alain attrape Béatrice qui bouscule Charlotte qui cherche Damien qui délivre Émilie qui écoute François qui fouille Gaspard qui gêne Hector qui habille Isabelle qui isole Jeanne qui juge Kim qui kidnappe Laetitia qui « lance » Martin qui martyrise Nicolas qui note Olivier qui oublie Patrice qui porte Quentin qui questionne Romain qui ramène Sophie qui suit Tymothée qui tape Ulysse qui unit Véronique à Wolfgang qui voient Xavier et Yves qui... Zoé qui « zigouille » Alain...

Règle : A attrape B qui bouscule C qui...
La relation entre les personnages doit être directe (COD).
On remplace ensuite les prénoms par des noms de métier. Naturellement, le choix des verbes est laissé aux enfants. Voici, par une classe de CE2 (bien entraînée) :

Un **a**griculteur **a**ime
une bibliothécaire qui bouscule
un camionneur qui chasse
un dentiste qui dérange
un électricien qui écoute
une fermière qui frappe
un garagiste qui gronde
une habilleuse qui hait
une institutrice qui interroge
un journaliste qui juge
un karatéka qui kidnappe
un livreur qui libère
un monteur qui mord
une nourrice qui noie
un ophtalmo qui opère
un pompier qui porte
un quincaillier qui quitte
un ramoneur qui rattrape
un serrurier qui saisit
un teinturier qui tape
un usurier qui utilise
un vitrificateur qui voit
un w... qui wagonne
un « xylophoniste » qui x...
un y... qui y...
un z... qui « zigouille » ...

Décomposition :
Un agriculteur aime une bibliothécaire.
Une bibliothécaire bouscule un camionneur.
Un camionneur chasse un dentiste.
Un dentiste dérange un électricien.
Un électricien écoute une fermière, etc.

Voix passive :
Une bibliothécaire est aimée par un agriculteur.

Le texte suivant fut réalisé collectivement par une classe de CM2 à la voix passive, puis rétabli à la voix active :

Un Autrichien est aidé par un Belge qui est bouleversé par un Camerounais qui est consolé par un Danois qui est dorloté par un Espagnol qui est espionné par un Français qui est fusillé par un Gabonais qui est gâté par un Hollandais qui est habillé par un Irlandais qui est imité par un Japonais qui est joué par un Koweïtien qui est kidnappé par un Libanais qui est ligoté par un Marocain qui est massacré par un Norvégien qui est noyé par un Orléanais qui est observé par un Polonais qui est pris par un Québécois qui est questionné par un Roumain qui est renversé par un Suisse qui est servi par un Tunisien qui est tué par un Ukrainien qui est utilisé par un Vietnamien qui est volé par un Washingtonien qui est « wagonné » par un Xosa qui est « xylophéné » par un Yougoslave qui est y... par un Zaïrois qui est « zigouillé » par un Autrichien, et reprise...

Le même à la voix active :

Un Zaïrois y... un Yougoslave qui « xylophène » un Xosa qui « wagonne » un Washingtonien qui vole un Vietnamien qui utilise un Ukrainien qui tue un Tunisien qui sert un Suisse qui renverse un Roumain qui questionne un Québécois qui prend un Polonais qui observe un Orléanais qui noie un Norvégien qui massacre un Marocain qui ligote un Libanais qui kidnappe un Koweïtien qui joue un Japonais qui imite un Irlandais qui habille un Hollandais qui gâte un Gabonais qui fusille un Français qui espionne un Espagnol qui dorlote un Danois qui console un Camerounais qui bouleverse un Belge qui aide un Autrichien, et reprise...

De la voix passive, on passera sans grande difficulté à l'emploi du pronom relatif « que », comme le fit cette classe de 6e :

Un agriculteur est arrêté par un boulanger qui est battu par un charcutier qui est caché par un dentiste qui est dépassé par un écologiste qui est éliminé par un facteur qui est frappé par un gendarme qui est gardé par un horticulteur qui est habillé par un instituteur qui est immobilisé par un jongleur qui est jugé par un kinésithérapeute qui est kidnappé par un lecteur qui est lassé par un mineur qui est massé par une nourrice qui est notée par un orthophoniste qui est oublié par un pâtissier qui est payé par un quincaillier qui est quitté par un régisseur qui est retrouvé par un serrurier qui est servi par un tavernier qui est tiré par un Ukrainien qui est utilisé par un vitrier qui est volé par un W ? qui est W ? par un xylophoniste qui est X ? par un Yougoslave qui est Y ? par un Zaïrois qui est « zigouillé » par un agriculteur, et reprise.

En remplaçant la voix passive par le pronom relatif « que » :

Un agriculteur qu'arrête un boulanger que bat un charcutier que cache un dentiste que dépasse un écologiste qu'élimine un facteur que frappe un gendarme que garde un horticulteur qu'habille un instituteur qu'immobilise un jongleur que juge un kinésithérapeute que kidnappe un lecteur que lasse un mineur que masse une nourrice que note un orthophoniste qu'oublie un pâtissier que paie un quincaillier que quitte un régisseur que retrouve un serrurier que sert un tavernier que tire un Ukrainien qu'utilise un vitrier que vole un W ? que W ?
un xylophoniste que X ? un Yougoslave que Y ? un Zaïrois que zigouille un agriculteur, etc.

Sur un autre thème support (les animaux), une autre classe de 6e préféra s'amuser avec le participe présent. A la question « Compère qu'as-tu vu », elle proposa la réponse collective :

> J'ai vu...
> un anaconda agressant un bœuf broutant un cheval croquant un dromadaire déchirant un éléphant écrasant un fauve flairant une grenouille se gavant d'un hippopotame humant un iguane ingurgitant un jaguar jugeant un kangourou kidnappant un lion léchant un marsouin mangeant un naja narguant un opossum s'offrant un puma persécutant un quadrupède querellant un renard reniflant un singe saignant une tortue torturant un urubu usant une vache vampirisant un wapiti warrantant un yack... un zèbre.

Un second thème, sur les verbes, ne pouvait être totalement respecté : la loi de la chaîne alimentaire !

On pourra bien entendu ajouter à notre carambolage la recherche d'adjectifs commençant par les mêmes initiales que les noms, et d'adverbes commençant par les mêmes initiales que les verbes. Si l'on préfère, on pourra croiser les adjectifs sur les noms et les adverbes sur les verbes.
Pour pimenter le jeu de carambolage, en respectant l'acrostiche abécédaire, pourquoi ne pas le produire sur tel ou tel temps moins fréquemment utilisé que le présent ?

L'exercice suivant, réalisé par une classe de 5e assistée de plusieurs professeurs et documentalistes qui participèrent effectivement au travail collectif, montre comment jongler avec plusieurs contraintes simultanées (précision utile : le temps des verbes était toujours demandé avant chaque proposition).

Des aviateurs agressifs apprivoisèrent aimablement des bœufs bossus qui bousculèrent brutalement des coiffeuses capricieuses que calmaient comiquement des docteurs dodus. Cependant, des explorateurs extraordinaires émerveillaient évidemment des funambules farceurs qui fouillaient facilement des géants goulus dont les horloges hideuses horripilaient honteusement des institutrices ignorantes que des jardiniers jumeaux jalousaient joyeusement.
Alors, pendant que des karatékas « kalamiteux » « kabriolaient » « kahin-kaha » sur la lande limoneuse, des marins maudits menacèrent maladroitement des nationalistes noctambules pour que des ophtalmologistes obèses puissent pesamment questionner des quincailliers quelconques, qui rabrouaient royalement des soldats sympathiques. Soudain, des toreros terribles tordirent totalement des ustensiles utiles que des vieux vachers avaient volés vilainement dans des wagons wallons à des xylophonistes xénophobes et yougoslaves que des zingueurs zélés zigouillèrent en zézayant dans un zoo.

10 La combinaison des contraintes

(et des exercices) est toujours intéressante. Une classe de 5e (très assistée par les professeurs et documentalistes présents) s'est fort divertie à produire ces vers décasyllabiques rimés, sur l'acrostiche abécédaire :

Allons tous ensemble au grand restaurant.
Buvons ce bon vin, nous avons le temps.
Commandons un petit apéritif,
Demandons un repas très digestif :
Épinards ou choux, lesquels prendrons-nous ?
Faisons notre choix et prenons les choux.
Goûtons ce rôti qui a l'air à point.
Humons cette odeur : ça sent bon les coings !
Installons-nous bien sur cette banquette,
Jetons les mégots de nos cigarettes.
Kidnappons le chef pour qu'il nous apporte
Le bon camembert que la France exporte.
Mangeons la salade avant le dessert.
N'abusons jamais d'alcool ni de bière !
Ouvrons ce gâteau, il est plein de fraises
Parfumées avec de la crème anglaise !
Questionnons le chef : quelle est la recette ?
Répondez-nous donc : est-elle secrète ?
Servez-nous une tasse de café,
Très vite car nous sommes assoiffés.
Utilisons donc pour nous essuyer
Votre serviette en toile ou en papier.
Whisky ou cognac, c'est bon pour finir ;
Xavier est sympa : il va nous l'offrir.
Y a-t-il des taxis encore à cette heure ?
Zut ! ils sont partis ! Marchons tous en chœur !

DÉPARTS EN ALEXANDRINS :
Attention aux poids lourds, ils sont très dangereux !
Alertez les pompiers : la maison est en feu !
Avant, les grands seigneurs voyageaient en carrosse...
Autrefois, les Français n'avaient pas la télé...
Acceptez-vous, monsieur, de prendre pour épouse...

Et voici, pour finir, cet échange d'« injures » à la façon du capitaine Haddock, par des enfants de CM1 (munis de dictionnaires…) :

Âne adhésif ! Autruche
acoustique !
Baleine bouillante ! Babouin
bourgeois !
Chimpanzé clandestin !
Citrouille claustrophobe !
Dinde dactylographe !
Dalmatien dingue !
Espèce d'éléphant égoïste !
Épluchure empotée !
Fourmi forcenée ! Fanfaron
filandreux !
Grenouille gâteuse ! Grizzli
grégaire !
Hippopotame hilarant !
Hippocampe herculéen !
Insecte indélébile !
Iguane infinitésimal !
Jambon juridique ! Joujou
joufflu !
Kangourou kurde ! Koala
kabyle !
Loutre laborieuse ! Légume
labourable !
Mulet malléable !
Mammouth microscopique !
Nazi nuageux ! Nénuphar
nerveux !
Ours oléagineux ! Oie
opportuniste !
Perroquet passif ! Pacha
parlementaire !
Quenelle quelconque !
Quenouille querelleuse !
Rongeur rachitique ! Radis
rabougri !
Saucisse sadique ! Serpent
salé !
Taupe tempérée ! Tortue
tarée !
Usurpateur urbain !
Unijambiste universitaire !
Vache vanillée ! Va-nu-pieds
vagabond !
Wapiti wisigothique ! White-
spirit wallon !
Xylocope xénophobe !
Yéti yougoslave ! Yaourt
yiddish !
Zèbre zinzin ! Zouave
zoologique !

Le langage vole bas, les mots vont pleuvoir !

7

ANADIPLOSE ACROMONOGRAMMATICUM enchaînement sur le nombre de lettres

1. L'anadiplose

1 **Une classe de 6e a produit ce travail** collectivement au magnétophone (durée : 15 minutes) :

> Il était une fois un jeune gar**çon**. **Son** père était mal**ade**. **Ad**mirez le courage de ce garçon qui soignait son père. Personne ne savait où ils habitaient. Théodore, leur voisin, seul savait. Véronique, la mère du garçon, était morte l'année d'avant.
> – Vendons nos meubles, dit le père, car ils n'avaient plus assez d'argent pour acheter des médicaments. Mendions aussi un peu pour avoir de l'argent.
> Gentiment, le petit garçon alla faire la manche dans le métro.
> Trottinant sur le quai, il aperçut un billet de 500 francs.
> – Franchement, j'ai de la chance, dit-il.
> Il alla à la pharmacie pour acheter les médicaments nécessaires.
> – Servez-vous, dit le pharmacien, mais ne vous trompez pas. Passez par ici pour prendre ce que vous voulez.
> Les médicaments étaient bons.
> – Bonjour papa, j'ai tes médicaments, dit le garçon tout heureux.

2 **Quelle contrainte ?**

Partant d'une phrase proposée par un élève, il s'agit de développer une histoire en répétant obligatoirement le dernier son de chaque phrase pour premier son de la phrase suivante. Attention à ne jamais accepter le même mot pour final d'une phrase et premier de l'autre. Se montrer difficile lorsque les enfants proposent deux mots de la même famille.

3 **Bien entendu, l'exemple d'anadiplose présenté d'entrée est difficile,** puisque les enfants sont parvenus à raconter une histoire suivie. Pour s'entraîner, ou en guise de premiers pas, on se contentera de demander que les enfants produisent, sur la règle, des phrases non liées par le sujet (6e).

Les conversations particulières sont termin**ées**. « **N'é**crivez pas de sottises ! » dit le maître aux é**lèves**. « **Lève** le pont-levis parce que le roi arrive », dit le garde. « Gardez votre sang-froid, dit le maître aux élèves, car il y a un incendie. » Dimanche est le dernier jour de la semaine. « Mène les vaches au pré », dit le fermier à son fils. « Ficelle le shérif ! » dit le chef à un Indien peau-rouge. Rouge, bleu, jaune, noir sont les quatre couleurs de l'imprimerie. Riri, Fifi, Loulou sont les trois neveux de Picsou. Sous l'armoire vit une souris. Rien ne peut m'arrêter, je suis Superman. « Man » veut dire « homme » en anglais. Les enfants de la maternelle jouent dans leur cour. « Cours plus vite, si tu veux avoir ton brevet d'endurance », dit la prof de gym à un sportif. Typhaine joue à la corde à sauter dans le jardin. D'un buisson jaillit un petit écureuil. Œillets, géraniums, tulipes sont de très belles fleurs du printemps. Tandis que je joue à la corde à sauter, Arthur, mon frère, joue aux petites voitures. Turbot, raie, et sole sont des poissons un peu aplatis. Titi et Gros-Minet sont des héros de dessin animé. Mes, tes, ses, nos, vos, leurs sont des adjectifs possessifs. Cif est une marque de produit pour la vaisselle. « Selle ton cheval mieux que ça, sinon tu vas tomber », dit l'écuyer à un cavalier. Liées avec des cordes, les voiles ne peuvent plus s'ouvrir...

Ce jeu est excellent pour entraîner les enfants à dire des phrases ; la présence de la contrainte sonore au début les oblige à rechercher de nombreuses solutions inhabituelles, et à recourir à ces connaissances souvent insuffisamment sollicitées (on le pratiquera dès le CE2).

4 Le jeu est intéressant également par équipes réduites.

Voyez quelques productions courtes par des groupes de deux ou trois enfants :

CE2

Émilien, Édouard et Jérémie sont de très bons amis. Mir Express est un produit que l'on met dans un lave-linge. Un jour, je suis arrivé à l'école sans mon cartable.

CM2

Attention car la mousse tache. Ta charité te perdra. Dracula est un vampire. Pire que lui, tu meurs. « Tumeur au cerveau, » annonça le médecin. Saint-Lô est une ville de Normandie. Dimanche est un jour férié. « Riez de bon cœur ! » dit le clown aux spectateurs. Te rends-tu compte de ce que tu écris sur ton cahier d'exercices ? Six est un nombre pair.

5 Comment démarrer ?

Toutes les phrases proposées par les enfants fourniront d'excellents départs à l'exercice de phrases en dérive. Pour produire un texte suivi, on pourra, soit partir d'une phrase d'enfant, soit proposer un sujet. C'est ainsi qu'une classe de 5e (le jour de carnaval) a traité rapidement le sujet sur cette simple proposition : « Aimes-tu le carnaval ? »

> Aimes-tu le carnaval ? Va le voir, c'est étonnant. N'entends-tu pas les fanfares qui défilent dans la ville ? Villageois et villageoises lancent des confetti dans les rues. Ruons-nous vers la place du Capitole. Tôt le matin, le carnaval commence. En ce moment, les chars défilent. Filons vite acheter de la pellicule pour photographier les chars ! Charmantes, les Toulousaines sont déguisées en fées. Fêtons l'événement ! Manteau déchiré, pantalon rouge à pois jaunes, chapeau fluo, tout est permis pour se distraire. Trairons-nous la vache en carton qui est sur le char de la ferme ?

6 **Ce jeu, qui privilégie là encore la prose, est évidemment parent des vers à échos.**

Ceux-ci, difficiles, sont néanmoins à la portée des enfants comme en témoigne cet extrait, œuvre de deux élèves de CM :

Je suis allé à Bréh**at**
Attraper des ané**mones**.
Monotonement la mer
Merveilleuse s'agitait
Terriblement déchaînée.
N'est-il pas vrai que sur l'île
Il n'y a pas de voitures
Turbulentes et bruyantes ?
Entre les deux moitiés d'île
Il y a un petit pont.
Ponds-tu des œufs, goéland ?
Lentement, déploie tes ailes,
Elles sont de couleur blanche.
Enchantez-moi, belles voiles !
Voilà un catamaran
Rentrant sans doute au Port-Clos...

7 **Pour préparer le jeu**

Enchaîner non pas des phrases, mais des mots, à la façon du marabout. Exemple, par un CM1 :

capucine – cinéma – martyriser – Zélande – landau – domino – naufragé – gémissement – mentalité – ténébreux – brebis – bicyclette – laiterie – riverain – rincement –

L'exercice enrichit évidemment l'écoute. On le pratiquera beaucoup si l'on veut éduquer l'oreille des enfants.
On enchaînera par exemple des noms communs, comme cette classe de CM1 :

monument – manteau – torero – robinet –
négligent – gentillesse – estomac – maladie –
différent – remplacer – céleri – rhinocéros – rossignol –

Ou des verbes à l'infinitif :

arriver – végéter – téléphoner – nécessiter –
téléguider – décorer – rétrécir – circuler –
laisser – sélectionner – neiger – gémir –

On enchaînera aussi des verbes au participe présent et au participe passé (en se servant du livre de grammaire) :

saisissant – sangloté – terminé – naissant – senti – tirant – renversé – séchant – chantant – tendu – durci – cimentant – (mentant) – tamponné – nettoyant – embrassé – cédant – dansant – sanctionnant – (CM2)

Ou encore des verbes conjugués :

sortiras – ramassa – salirons – ronfleras – ralentissait – saisissons – songerez – raidissez – saignerez – réaliseras – rassemblons – blondissons – songerai – régneras – ramollit – lira –

On enchaînera des mots composés, des groupes de mots ou des expressions populaires (comme cette classe de 6e) :

pelle à tarte – tarte aux pommes – pomme de pin – pain d'épice – pisse au lit – lit de mort – mort aux rats – ras-le-bol – bol de lait – laid comme un pou – pousse-toi de là que je m'y mette – maître d'école – colle-toi ça dans le fusil – fusil de chasse – chasse à courre – court de tennis –

On multipliera enfin les possibilités du jeu en le combinant à l'acrostiche (de sons).

ma ra bout
lotru
bougri
din blanc

Il suffira d'écrire une ligne maraboutique et de placer sur les mots des stalagmites, des stalactites ou des mots croisés par le son commun. (Ici, le travail porte essentiellement sur le son, insistons là-dessus.) Voici une ligne par un CM1 :

po ma encom yé aper hi addi
li ma çon / som bré ro / rô ti / ti ssu / su ppo si tion
gique dage mantique dodendron monier bitement potame gnature

Il va de soi que cette ligne est une transcription de sons entendus dans les mots, et qu'il est alors indispensable de souligner les nuances orthographiques !

Remarquons au passage que l'enchaînement de deux mots seulement par la (ou les) dernière et première syllabe débouche sur le jeu du mot-valise, dont il sera question au prochain chapitre (exemple : éléphant-fantaisiste = éléphantaisiste).

2. L'acromonogrammaticum

1 **Le jeu le plus facile** consiste à enchaîner simplement des mots, par exemple lettre à lettre :

ordinateur – radiateur – racine – éboulement – tapage – écurie – ennuyeux – invisible – écharpe – évangile – éléphant – taxi – idiot – tartine – échelle – épouvantail – livre – (6e)

– en exigeant des mots de 3 syllabes :

éléphant – tabouret – taboulé – événement – torturer – ramasser – ronronner – respirer – ramoner – ridicule – emménager – roulement – tatouage – (6e)

– ou encore en enchaînant par la lettre suivante en ordre alphabétique :

livre – forêt – union – orage – fleur – serpent – usure – femme – fontaine – foudre – foot – usine – (CM2)

– ou, plus astucieusement, en comptant les lettres et en prenant pour initiale du mot suivant la même lettre que la terminale du mot précédent, plus le nombre de lettres du mot.
Exemple : « usine » comporte 5 lettres et se termine par E ; le mot suivant devra donc commencer par E + 5 lettres, soit : J.

usine – jaunisse – miracle – loin – rivière – lumière – lampe – jour – variété –

2 **Le jeu d'enchaînement de mots lettre à lettre peut se doubler d'une contrainte grammaticale,** comme celle de travailler sur des noms communs, ou sur des adjectifs qualificatifs, ou sur des verbes, etc., ou encore d'associer obligatoirement des noms à des adjectifs, et (mieux) de les faire alterner :

platane – extraordinaire – éponge – étrange – éléphant – terrible – écolier – rapide – épagneul – lourd – dauphin – nuageux – xylophone – exact – train – nul – léger – rhinocéros – sérieux –

Le même jeu, avec dictionnaire, fera émerger des mots moins familiers : exiger alors que l'enfant fournisse la définition du mot qu'il propose (bien entendu, cette définition n'est pas inscrite dans le résultat). Exemple, par un CM2, sur un enchaînement de noms communs :

lamantin – nébuleuse – échenilloir –
rhubarbe – esturgeon-nasique – extincteur –
réséda – aspic – chapiteau – usurpateur –
rhizome – embryon – noyade – encensoir –

3 **En passant des mots aux phrases,** le jeu offre d'extraordinaires débouchés. Voici le plus simple, qui consiste à enchaîner des phrases de telle sorte que, le dernier mot d'une phrase étant une voyelle, le premier mot de la phrase suivante soit une consonne, et inversement (travail collectif d'un CM1 à partir d'un sujet. Durée : 10 minutes) :

Paris est la capitale de la Franc**e**. **N**ous y habiton**s**. **I**l y a une magnifique tour appelée la tour Eiffel. Elle a été construite par Gustave Eiffel il y a un siècle. Notre-Dame est une cathédrale qui a été construite au Moyen Âge. Le Sacré-Cœur a été bâti à Montmartre. Le Louvre est un grand musée d'art ancien. Il abrite les ruines d'un château fort détruit. On y trouve le tableau le plus célèbre du monde : la Joconde. Le président de la République habite l'Élysée. Le 14 juillet, on dépose des fleurs sur la tombe du soldat inconnu. Les soldats défilent sur les Champs-Élysées. On tire un grand feu d'artifice le soir.

Voici encore un dialogue (travail collectif d'un CM2, à partir d'une première phase proposée par un élève. Durée : 10 minutes) :

– Montre-moi tes dent**s**. **A**s-tu mal ?
– Oui, j'ai très mal.
– A quelle dent ?
– A la molaire gauche en haut.
– Ouvre la bouche que j'examine cette dent.
– Aïe !
– Ne crie pas. Il faut bien que je fasse mon travail.
– Oui, mais vous me faites mal.
– Il y a une carie. Je vais te la soigner.
– Est-ce que ça me fera souffrir ?
– Un petit peu. Le temps que je passe la roulette.
– Je ne veux pas, j'ai peur.
– Est-ce que tu préfères garder cette dent malade ? Tu aurais encore plus mal après car je serais forcé de l'arracher ! J'ai peur !
– Ouvre la bouche ou je me fâche ! Tâche de rester tranquille !
– Quel malheur !

Variante simple : enchaîner les phrases voyelle à voyelle ou consonne à consonne (là encore, on peut réclamer des phrases indépendantes ou sur un sujet). Le court exemple suivant est l'œuvre de deux enfants de CM1 :

Sur la place Saint-Sulpice, monsieur Dupont rencontre monsieur Giraud.
– Vous ne trouvez pas qu'en face de chez vous les travaux sont bruyants ?
– Vous avez raison. J'irai me plaindre.
– Avant, je dormais tranquillement !
– Moi aussi !

4 **Le jeu se complique (et se pimente)** si l'on enchaîne les phrases de telle sorte que la première lettre d'une phrase soit la même que la dernière lettre de la phrase précédente.

Voici d'abord, par un CM2, des phrases sans suite :

Je voulais lire la phrase qui était écrite au tablea**u**.
Un unijambiste use très vite son soulie**r**.
« **R**amasse les baguettes ! » dit le boulanger à son mitron.
« Ne me fatigue pas ! » dit la mère à sa fille qui faisait des bêtises.
« Soyez sages ! » dit la maîtresse à ses élèves.
« Souriez ! » dit le photographe au client.
« Tu téléphoneras cet après-midi à ta grand-mère pour lui souhaiter bon anniversaire », dit la mère à son fils.

Et un texte suivi :

Il était une fois un corbeau qui s'était perché sur un arbr**e**. **É**tant gourmand, il avait volé un gros camembert. Tout à coup, un renard arriva. Attiré par l'odeur, il s'approcha doucement.
– Tu n'as pas l'intention de me voler mon fromage, j'espère ? croassa le corbeau inquiet.
– Ton fromage ne m'intéresse pas, répliqua le renard. D'autant que le fromage me donne la nausée.
– Eh bien tant mieux, dit le corbeau, car je n'avais pas l'intention de le partager avec toi.
Il se retourna et porta le fromage à son bec. Cette fois, le renard se décida à passer à l'action.
– Nos renardeaux te trouvent vraiment très beau, dit-il. Leur désir serait d'avoir un autographe de toi. Ils disent que tu chantes très bien. Ne voudrais-tu pas me chanter une de tes mélodies ?
Sur sa branche, le corbeau rougissait d'orgueil. Les ailes déployées, la tête haute, il respira un grand coup. Puis il se mit à chanter comme une casserole. Évidemment, le fromage tomba de son bec dans la gueule du renard qui l'avala en riant.
– Tu n'es vraiment pas rusé ! dit-il. La prochaine fois, ne parle pas la bouche pleine !
Et le corbeau piteux resta le ventre vide sur sa branche.

5 Comme tous les jeux, celui-ci sera enrichi par la combinaison de contraintes.

Voici une autre version du « Corbeau et le Renard », doublée d'un jeu d'agrammaticalité sur le passé simple :

Un jour, le renard se promenait. Très haut dans un arbre, il voya un corbeau. Un morceau de fromage était dans son bec. Comme le renard avait très faim il voula le lui prendre. En levant la tête, il appelit le corbeau :
– Un tel plumage ne peut appartenir qu'à un oiseau formidable ! Est-ce que vous voulez bien chanter pour voir si votre voix est aussi belle que vous ?
Sans se faire prier, le corbeau s'exécutit. Alors le fromage tombit dans la gueule du renard. D'un ton moqueur, ce dernier raillit le corbeau.
– Un si bon fromage vaut bien tous ces faux compliments ! Sur ce, le renard s'en allit en dévorant le fromage. Et le corbeau restit comme un imbécile sur son arbre.

Autre combinaison, par une classe de 5e. Après l'acromonogrammaticum, les élèves ajoutent à l'agrammaticalité sur le passé simple un jeu de niveau de langage : utiliser obligatoirement un mot d'argot par phrase :

> Yannick voulait faire des rimes. Soudain, une idée stupide lui passa par la tête. Enlever le professeur de français et l'exécuter, c'était vraiment un plaisir et une bonne idée. Ému par ce projet saugrenu il tomba dans les pommes. Son nez lui faisait mal. L'ambulance arriva. A l'hôpital l'infirmière se trompa et lui fit une lobotomie. Essayez de ne pas perdre la tête quand vous aurez des idées saugrenues !
>
> L'élève allit au burlingue du directeur. Il ouvra la lourde.
> Il disa : – Bonjour M. le dirlo.
> Il posit son derche sur un fauteuil. Il tirit un pétard de sa poche. Il metta ses panards sur le bureau. Alors le directeur sorta calmement un flingue de sa poche et disa :
> – Ça va être ta fête, salle gosse.
> Il lui logit trois pruneaux dans la cervelle.
> Moralité : Yannick a fumé un clope, il est éclopé.

AUTRES SUJETS
Une machine
L'argent de poche
Un vol à l'école
Le racket
Le racisme et la xénophobie
Le vieux château
Un achat bizarre
Les mammouths
Les Indiens
La classe en sortie
Un clochard
L'alpiniste
Les navigateurs solitaires

6 Comment procéder ?

Prendre une phrase proposée par un enfant, ou choisir une phrase dans un livre, ou proposer soi-même une phrase. Les enfants imagineront la suite en fonction de la possibilité offerte par la contrainte : soit voyelle/voyelle ou voyelle/consonne, soit, plus difficile, l'emploi de la dernière lettre de la phrase précédente pour initiale de la suivante.

On enregistrera au magnétophone. Cependant, on ne refusera pas de revenir légèrement en arrière pour modifier la phrase précédente si les enfants le souhaitent.
De toute façon, il sera toujours bon, après exercice (ces jeux visant surtout à faire inventer, imaginer un texte à partir de rien), de reprendre le résultat oral obtenu sous forme d'écriture individuelle, sans autre contrainte que celle (classique) de la rédaction.

Notons que l'enchaînement peut encore se faire de la lettre à la suivante dans l'ordre alphabétique, ou à la précédente, ou même vers à vers, mais dans ce dernier cas, on ne perdra pas de vue qu'il s'agit encore et toujours de travailler la prose.

3. Enchaînement sur le nombre de lettres des mots

1 La contrainte

Le jeu consiste à enchaîner les phrases de manière que le premier mot de la phrase suivante comporte autant de lettres que le dernier mot de la phrase précédente. Deux possibilités, là encore.

Phrases indépendantes (travail individuel, par un élève de CM1) :

Thierry s'est cassé le **bras**. **Très** bien est la meilleure note. Papa m'a acheté des bonbons. Bonjour, je suis votre
nouvelle voisine. Sylvain s'est cassé
la jambe. Bruno est
intelligent. Aujourd'hui, j'ai envie d'attraper
des papillons. Lentement, je recompte mes
opérations. Maintenant, c'est l'heure d'aller se
coucher. Fenêtre est un nom féminin.

Texte suivi (CM1 ; groupe de quatre élèves) :

Cet été, je suis allé au **cirque**. **Arrivé** à la caisse, j'ai pris un ticket. Toutes les danseuses étaient jolies. Jamais je n'avais vu un si beau spectacle.

(Collectif décloisonné de la 3e au CM) :

La rose sent bon. Les roses blanches sentent meilleur que les roses rouges. Allons voir celles du jardin. Jaunes, rouges, blanches, roses, elles sentent meilleur les unes que les autres. Faites, monsieur le jardinier, qu'il y en ait aussi des bleues. Chaque fois que j'en cueille une, je me pique. Elles me font mal. Les roses ont beaucoup d'épines. Malgré cela j'en mets toujours dans ma chambre. Couleur et parfum, tout cela m'enchante.

2 On pourra écrire toutes sortes de textes.

Ce faux bulletin d'informations est l'œuvre de trois élèves de CM1 :

Mesdames et messieurs, bonjour ! (?)
Jacques (?) Chirac travaille maintenant dans une usine.
Cette semaine, il n'a pas été payé, il est à la rue.
Six enfants sont morts d'une crise cardiaque cette nuit dans la voiture de Dorothée.
François Mitterrand a invité Édith Cresson pour partager son repas en tête à tête.
Hier à Tahiti un touriste s'est fait scalper par un apache.
Victor Hugo, qui a ressuscité il y a trois jours, s'est engagé pour faire son service militaire à Tunis.
Cette semaine, en Somalie, un orphelinat a été détruit à cause d'un grain de riz lancé par les Américains : les enfants se sont battus pour l'avoir et il y a eu cinquante-et-un morts et quarante-neuf blessés.
Bonsoir, mesdames et messieurs, nous devons vous quitter parce qu'il y a une bombe de la mafia sur le plateau.

AUTRES THÈMES

La voiture est au garage
Le train a déraillé
Les crêpes
Mon père rentre tard du travail
Une fuite dans la salle de bains
On refait ma chambre
A la Fête de la musique
Pour la Fête des mères
Un bébé

3 On pourra combiner les jeux.

Une classe de 6ᵉ a traité la « Cigale et la Fourmi » d'abord en enchaînant voyelle et consonne, puis en comptant les lettres du dernier mot de chaque phrase et du premier mot des phrases suivantes :

La Cigale et la Fourmi
(enchaînement voyelle/consonne)

Il était une fois une fourmi qui travaillait de bon cœu**r**. **U**ne cigale aimait bien chanter. A la venue de l'hiver, elle n'eut plus rien à manger. Elle alla demander de quoi se nourrir à la fourmi. Mais la fourmi ne voulut pas lui donner de nourriture.Quelques jours plus tard, la cigale revint lui en demander.
– Avez-vous travaillé, cet été ? demanda la fourmi.
– Non, répondit la cigale. J'ai chanté.
– Tout l'été ? demanda la fourmi.
– Bien sûr !
– Eh bien maintenant, vous n'avez qu'à danser ! dit la fourmi.

Enchaînement nombre de lettres dernier/premier mot

Il était une fois une fourmi travailleuse et une cigale qui chantait (8).
– Pourquoi (8) ne travailles-tu pas ? lui reprochait la fourmi.
– Quelle question, je préfère chanter ! Lorsque l'hiver arriva, la cigale n'eut plus rien à manger. Tandis que la fourmi se régalait, la cigale revint la voir. Mais la fourmi l'envoya balader.
– Puisque tu chantais l'été dernier, maintenant danse.

QUELQUES AUTRES SUJETS
La visite d'un roi en France
Chez des amis à la campagne
La Seine/la Loire/la Garonne
Les étrangers
Des voyous
Une course cycliste
Prise d'otages...
Les voisins
Un bruit : un voleur ?
Dans le bus
La fête de l'école
Au café
Chat et chien

8

LE MOT-VALISE

Les jeux sur les mots ne sont pas souvent considérés avec l'intérêt que méritent les multiples exploitations qu'on peut en tirer.

1 **Voici quelques mots-valises** proposés par des enfants de CM1, de CM2 et de 6e (en vrac) :

ânerie/ritournelle
âneritournelle : bêtise musicale
Le troubadour chantait une âneritournelle à la cour du roi.

culotte/loterie nationale
culotterie nationale : sous-vêtement qu'on met par hasard
Le président gagna une télévision à la culotterie nationale.

caméléon/ondulation
caméléondulation : petit animal qui change de couleur en se tortillant
Un caméléondulation se promenait sur la palette de peinture d'un peintre.

dictionnaire/nerveusement
dictionnerveusement : grand livre qui agace les lecteurs
Un homme agressif arrachait les pages d'un dictionnerveusement.

2 **Ces mots-valises sont faits par le rapprochement de deux mots** ayant en commun une ou plusieurs syllabes identiques pour l'oreille, l'une en fin, l'autre en tête.

Exemple : péli**can**-**kan**gourou = péli**kan**gourou

Il y a des règles à respecter pour faire un bon mot-valise.

A. Choisir de préférence deux mots (ou au moins un) de trois syllabes.

B. Ne pas se servir d'une lettre E finale qu'on n'entend pas pour enchaîner avec un second mot dont la lettre E s'entend.
Exemple : « attache-cheminée ». Une même syllabe relie apparemment les deux mots, mais un des E s'entend, l'autre pas.
Le mot-valise obtenu serait mauvais : « attacheminée ».

C. Inventer une définition qui englobe en un tout les deux mots constitutifs du mot-valise.
Excellent exercice de synthèse au plan vocabulaire. La meilleure recette consiste à changer de catégorie ou à chercher des synonymes *sans répéter* aucun des mots qui composent le mot-valise.
Par exemple, pour le mot « médicamembert » :
– mauvaise définition : « médicament en forme de fromage » ;
– bonne définition : « remède normand ».

D. Ajouter une phrase en guise d'exemple, à la manière du dictionnaire.
Cette phrase illustrant le mot inventé doit être suffisamment expressive pour faire saisir le sens du mot sans explications.

E. Un dessin sera toujours le bienvenu.

F. Le mot-valise comporte toujours un mot locomotive dont dépend davantage la définition.
Il peut donc se faire :
- soit en plaçant le mot associé après le mot locomotive ;
- soit en plaçant le mot associé avant le mot locomotive.

Exemples, avec le mot « léopard » : léoparachute / écerveléopard.

G. La définition privilégie forcément le sens du mot locomotive.
Exemple (d'élève de 6e) : « dodumérus = os très gros ».

3 On pourra rapprocher
soit des mots de même nature grammaticale, soit des mots de nature grammaticale différente. Voici des exemples (fournis par des élèves) :
- nom commun + nom commun : « boulangéologue » (homme qui fait son pain dans une grotte) ;
- adjectif qualificatif + adjectif qualificatif : « mécontemporain » (homme qui n'aime pas son époque) ;
- verbe + verbe : « accéléréussir » (faire vite pour trouver la solution du problème) ;
- nom commun + adj. qual. : « requinquagénaire » (squale âgé) ;
- nom propre + adj. qual. : « Napoléonteux » (l'Empereur après Waterloo) ;

– nom propre + nom commun : « Charlemagnétoscope » ;
– prénom + nom commun : « Déborahtatouille » ;
– prénom + adj. qual. : « Pamélamentable » ;
– nom + verbe : « violoncellectionner » (choisir les meilleurs violoncellistes ; concours de violoncelle) » ;
– nom + nom composé : « archipelle à tarte » (bouts de gâteaux dans l'eau comme des îles) ; « somnambule de savon » (dormeur qui fait des bulles) ;
– nom + adverbe : « détergentiment » (produit qui lave le linge sans l'abîmer) ;
– nom + expression : « redingote-toi de là que je m'y mette ! »

CORMOREMBOURRÉ : OISEAU AUX ATTERRISSAGES DIFFICILES.

Remarquons que le mot le plus utilisé est le nom commun, et que les meilleurs mots-valises sont ceux qui lui associent soit un autre nom commun, soit un adjectif qualificatif (ou un participe passé).

4 **Attention : si l'on enchaîne plusieurs mots-valises** d'affilée, on retrouve le jeu de marabout ; il devient impossible de donner un sens général aux éléments rapprochés par le jeu, et partant, de trouver une définition.

5 **Important : tout mot-valise,** en raison du rapprochement intempestif (et intelligent) de deux mots apparemment sans rapport logique entre eux, porte en soi un embryon d'histoire qu'il suffit de développer au-delà de la définition, si on le souhaite. *Tous les mots-valises sont susceptibles de jouer le rôle d'incipit.* En voici un exemple.

Léoparapluie, panthère normande
En ce temps-là, les animaux sauvages vivaient heureux en Normandie. Mais chaque fois que le léoparapluie passait sa patte derrière son oreille, il pleuvait. Les animaux étaient trempés (sauf le léoparapluie, forcément). A la fin, ils décidèrent d'émigrer, et s'en allèrent silencieusement une nuit pendant que le léoparapluie dormait. C'est pourquoi il n'y a plus de fauves en Normandie. On raconte que le léoparapluie, se retrouvant seul à son réveil, partit à son tour à la recherche de ses anciens amis. Mais à voir les averses qui trempent encore la province, il ne doit pas les avoir retrouvés.

On aurait aussi bien pu décrire un objet inventé (5e) :

Le marteauboggan
Il y avait à la fête foraine un toboggan très haut. Sa pente était très raide car les ouvriers s'étaient trompés en le montant. Le premier qui essaya de glisser sur ce toboggan arriva au sol assommé. Les gens disaient : « Pour monter là-dessus, il faudrait être marteau. » On l'appela donc le marteauboggan. Mais le manège eut beaucoup de succès car il donnait aux clients des sensations fortes.

6 **Avant d'arriver au texte,** quelques jeux procureront un bon entraînement :

A. *Jeu de cortège* (les deux mots doivent être déformés en restant dans le même univers)

Le crocodiligence et le chameautocyclette (véhicules) ;
Le french-cancangourou et la tortutu (danse) ;
Le léoparatonnerre et le calaorage ;
Le pélicandouille et le vermisseaucisson.
(CM2)

B. Jeu d'insultes (en ordre alphabétique)

– « Va donc, eh.... analphabetterave !
Bourricocotier ! Bétail-crayon !
Chauve-souridicule !
Dromaderviche tourneur !
Éléphantaisiste ! Escargodasse !
(CM1)

C. A partir du jeu de marabout

J'en ai marr... miton, disait le cuisinier.
J'en ai marr... onnier, disait l'arbre.
J'en ai marr... about, disait l'oiseau d'Afrique.
J'en ai marr... ignan, disait François Ier.
J'en ai marr... seillaise, disait Rouget de Lisle...
(6e)

On remplacera « j'en ai marre » par « je suis » + un adjectif qualificatif :

Je suis satis... féérique,
disait le magicien.
Je suis satis... fainéant,
disait le paresseux, etc.

D. Les enfants ayant dressé des listes de mots, les leur faire disposer ensuite en deux ou quatre colonnes, et leur demander d'associer ceux qui pourront l'être.

tigre
lamantin
raton-laveur
éléphant
zèbre
antilope
buffle
termite
cigale
taupe
perdrix
paon
boa
python

poisson-chat
doryphore
bélier
scarabée
grizzli
vautour
coucou
canari
isard
orignal
girafe
mérinos
lapin
angora
piranha
ragondin
asticot
homard
koala
orvet
belette
maquereau
hyène

limace
labrador
hippopotame
ibis
agami
phacochère
dingo
coyote
marsouin
rhinocéros
bourricot
lama
sardine
ocelot
flamant rose
tourterelle
puma
pintade
lamproie
couleuvre
hibou
cobra
merlan
vison

okapi
mammouth
grenouille
goéland
panthère
bouquetin
crapaud
sauterelle
vipère
louveteau
chacal
dogue
dalmatien
cheval

E. Dessiner à partir de mots-valises donnés, ou, inversement, découvrir le mot-valise à partir des dessins.

a. Dessiner un pumatador, un pumathématicien, un pumaréchal, une pumarionnette, une pumarquise, un pumartinet.

b. De quel animal s'agit-il sur chacun de ces dessins ?

F. Noms de métier : trouver les noms de ces animots-valises.

(Il fait le pain) : MARABOU.... R
(Il répare les automobiles) : ALPAGA.... E
(Il ramone les cheminées) : ARA.... R
(Il vend des clous et des outils) : REQUIN.... R
(Il soigne les malades) : M.... SINGE
(Il aide le cuisinier) : CALAMAR.... N
(Elle fait des chapeaux) : CHAMEAU.... E
(Il fait des sacs) : HOMAR.... R
(Il conduit un avion) : OKAPI.... E
(Il vend de la viande) : CARIBOU.... R
(Il saute en parachute) : GUEPAR.... E

G. L'intrus
Parmi tous ces animaux, lequel n'a rien à voir avec la cuisine ?

gibbonbon – rascassiette – cariboudin – asticôtelette – coucourge – bengalimonade – coucouvert – camembergeronnette – souriceaucisson – flamandouille – artichauve-souris – caïmandarine – colibrioche – aratatouille – bababouin – haricobra – abricolombe – pumarmelade – poulopossum – cassouléopard – bouillabescargot – lézarbalète – mammoutharde – goélantille – biscotte – ibiscuit – chocolamantin – marmotte de beurre – hirondelle de saucisson – castorboyau.

H. Noms à placer dans des tableaux et mots cachés

PLACER LES OISEAUX :

coucouloir – manchouette – butordu – buselière – geaicoute – ibis – milan – seringard – mésangelure – pivérone – vanneautobuse – grèbe – froitelet – camembergeronnette – râle – corbottillon – homartin – hibouvreuil – hibouton – oie – toupie – paonpa – sansonnet – copinson – vélorict – moineausfératu – amerle – colibridé – caille – bibhéron.

MOTS CACHÉS :

K	A	N	G	O	U	R	O	U	L	O	T	T	E	M
F	O	U	R	P	Q	N	I	P	U	A	T	H	M	O
E	M	E	U	O	O	Y	E	U	S	E	C	T	O	I
P	L	I	E	S	O	L	E	M	T	E	H	R	G	N
P	O	U	S	S	Y	M	P	A	T	H	I	Q	U	E
U	N	I	O	U	E	E	R	R	L	A	M	B	E	A
H	O	G	B	M	R	T	A	C	E	P	P	D	P	U
P	A	O	N	V	E	O	C	H	A	C	A	L	A	S
E	F	F	U	O	B	A	R	A	M	R	N	G	R	N
C	G	E	E	P	U	A	T	N	O	I	Z	A	A	A
S	I	N	N	S	S	I	I	D	N	Q	E	L	S	G
P	R	E	I	N	E	R	G	I	T	U	R	A	I	E
U	A	I	T	S	E	B	R	S	R	E	O	G	T	A
M	E	D	U	S	E	C	E	E	M	T	E	O	E	I

poussympathique – pumarchandise – chimpanzéro – marabouffe – tigrenier – guéparasite – kangouroulotte – alpagag – chacalas – tétarte – opossum – fennec – plie – poisson – tigre – boa – carpe – buse – gnou – galago – grue – raie – moule – moineau – dorade – taupe – merlan – pieuvre – serin – singe – bestiau – thon – criquet – geai – paon – émeu – huppe – ure – oie – faon – sole – taupin – méduse.

Une fois ces mots placés, il reste 22 lettres qui n'ont pas servi. Avec ces 22 lettres, compose deux mots-valises de 11 lettres chacun :

FO....... RE
(petite bête énigmatique)

AB....... NE
(petit serviteur de dieu avec des échasses)

Solutions : fourmystère ; abbécassine

I. Devinettes, charades, codes chiffrés, anagrammes

QUELQUES DEVINETTES

– Quel animal-valise chante toujours « Il pleut, il pleut bergère » ?

(Le héron-héron-petipatapon.)

– Quel est le contraire de l'éléphanteau ?

(L'éléphantard.)

– Quel est l'animal d'Australie qui fait pschitt ?

(Le Coca-koala.)

ANAGRAMMES

En plaçant différemment les lettres de ces messages codés, tu trouveras les noms de trois animots-valises :

1. CHÂTIMENT PEU AMI :
P............ N
2. SA LOUTRE PÊCHAIT :
L............ E
3. CANINE PLIÉE RIT :
P............ E

Solutions :
pumathématicien
léoparachutiste
pélicantinière

CHARADE

– Mon premier mange les souris
– Mon second empêche la voiture de rouler
– Mon troisième est un adjectif possessif.
Mon tout est un mammifère carnassier en sous-vêtements.

(chat-cale-son) *(chacaleçon)*

7 Le mot-valise dans la phrase

Le jeu le plus simple (détournement) consiste à demander qu'un (ou deux, sur le même thème dans ce cas) mot d'une phrase soit transformé en mot-valise.

Exemples par des élèves de CM1 ; travaux individuels :

> Il y eut dans la classe un allègre bruissement, dont le maudirecteur bien à tort se crut responsable.
> *(C. Vildrac)*
>
> Le soleil les rattrapapèterie juste comme ils prenaient papied sur le verglas.
> *(R. Frison-Roche)*

Les détournements de vers ou de proverbes sont amusants (6e-5e) :

> Il neigéranium. L'on était vaincucurbitacée par sa conquête. *(V. Hugo)*
>
> Rien ne sert de courir, il faut partire-au-flanc.
>
> Mieux vaut tartine que jamais manger.

8 Ces détournements étant cependant un peu limités, mieux vaudra demander aux enfants de composer eux-mêmes les phrases autour du mot-valise auquel ils ont pensé, ou de composer une phrase dans laquelle un mot-valise devra trouver son sens (comme dans les phrases d'illustration des définitions). Exemples (5e) :

> Un gros éléfanfaron faisait le malin dans un magasin de vaisselle fragile et il cassait tout.
>
> Un satanthropophage dévorait les âmes des morts qui arrivaient aux enfers.

9 Le travail de la phrase débouche sur le texte.

En voici un, par un CM1 (travail collectif) :

HISTOIRE FANTASTIQUE

La tigrenouille sur son nénuphar mange son entrecôte. Elle décide de faire une sieste sur le gazon, mais la moutondeuse arrive. Elle la scalpe en deux secondes.
Voilà un héros de moins.
Cette nuit, la moutondeuse dort profondément dans la bergerie en ronronnant. Soudain on entend un bruit qui lui glace le sang. L'éléphantôme enchaîné par la trompe est là. « Je viens vous tuer, mon cher ami, pour venger tigrenouille », dit-il.
Voilà deux héros en moins.
Le lendemain, le pingouinfre qui fait une promenade rencontre l'éléphantôme sur son chemin. « Chouette ! dit le pingouinfre, je n'aurai pas besoin d'aller à Super-U pour acheter mon steack », et il avale l'éléphantôme.
Voilà trois héros en moins.
Le lendemain, le pingouinfre rencontre le poussinge. Celui-ci pour s'amuser un peu chatouille le pingouinfre qui meurt de rire car il était très chatouilleux.
Et voilà quatre héros en moins.
Le poussinge très satisfait continue son chemin et croise le vacheval. « Salut, vieille branche ! » lui dit le poussinge. Le vacheval qui avait horreur d'être insulté se met en colère. Le poussinge meurt de peur.
Voilà cinq héros en moins.
Le vacheval finit sa promenade en rencontrant la sourhinocéros féroce. Le vacheval monte dans un arbre pour lui échapper. Une branche craque. Le vacheval tombe sur la tête et se tue.
Voilà six héros en moins.
Le sourhinocéros à son tour meurt de tristesse.
C'était la triste histoire des animots-valises.

CE GENRE D'EXERCICE est facile à réaliser sur le modèle des « 10 petits nègres » ou de la comptine des « 10 petits marmitons passant sur le Pont-Neuf ». Il s'agit de procéder par élimination, en cherchant à chaque fois une élimination nouvelle, si possible en rapport avec l'éliminé ou l'éliminateur.

La couleur humoristique l'emporte sur tout le reste dans cette description printanière, œuvre collective d'une classe de 6e :

> Le printempête était arrivélocipède. Dans les jardindonneaux, des violaiteries avaient poussétacé le long des murs. Les tulippodromes, les pijonquilles et les primevermicelles jetaient des taches multicolornithologiques dans la verdure naissante et sur les saladmiratives. Les lilamentables étaient roses ou blancs. le soleil brillait joyeusementhe à l'eau dans le ciel clair. Sur les arbres neufs, les okapigeons, les vautourterelles, les roitelédredons, les calepinsons, les bambouvreuils, les rhinocérossignols sifflaient. Ils pondaient ces œufs dans les colonids. Ils donnaient la becquestionnée à leurs oisillons. Des abeilles et des bourdon-quichotte suçaient le nectartuffe des fleurettes tandis que les papillons légénéraux se laissaient porter par la douce brise comme des pétalismans. Les hommes et les femmes se promenaient dans la naturpitude ; les enfants couraient et riaient comme des lutintamarres.

Ce rêve (mot-valise obligatoirement charnière en fin de phrase) vient d'une autre 6e :

> Je rêvais que j'étais au paradinosaure. J'étais poursuivi par des animautocyclistes. Ils couraient sur la route tandis qu'en face de moi arrivait une automobilboquet énorme. La boule sautait en l'air au bout d'une ficelle de cheval. L'animal tout noir galopait autour d'un hippodromadaire. Il avait une grosse bosse et traversait péniblement le désert du Saharadiateur...
> ... Il faisait une chaleur tellement étouffante dans ma chambre que je m'éveillai.

6 **On combinera, là encore, ce jeu à d'autres avec profit,** soit en imposant simultanément plusieurs contraintes dans le même exercice, soit en reprenant un texte obtenu avec une contrainte différente.

Voici, par une classe de 5e (et des professeurs qui participaient), un carambolage combinant, au passé simple, acrostiche abécédaire, pronom relatif, et mots-valises :

Une antilôpital aveugle attaqua allègrement un blaireaumarin bègue qui becqueta bêtement un caïmandarin curieux qui chassa comiquement un dromadermatologue dangereux qui débusqua un éléphantôme élégant qui écrasa évidemment un fou de bassanguinaire furieux qui se farcit finalement un grizzlibellule grossier qui se gava d'une hirondeltaplane honnête qui harcela un ibiscyclette ignoble qui ingurgita un jeune maharadjaguar qui jugea un kangourouge-gorge kaki qui knock-outa un léoparmentier loqueteux qui lacéra lâchement un mammoutharde mou qui malaxa méchamment un nandouloureux nerveux qui neutralisa nettement un okapistolet odieux qui ouvrit un pandagobert piteux qui pourfendit publiquement un quadrupédicure querelleur qui questionna quotidiennement un rhinocérosbeef rugueux qui ratatina un scarabécassine sympathique qui saigna stupidement un tapiranha tordu qui tua tranquillement un urubureaucrate unique qui utilisa ultérieurement un vautourbillon voleur qui vainquit violemment un wapitire-bouchon qui warranta un xylocopyright xénophobe, un yack-ça-de-vrai yougoslave et un zébulletin scolaire qui zigouilla une antilôpital, etc.

Une classe de CM1 enfin, ayant produit un texte (avec obligation de placer au moins un mot-valise par phrase), et raconté ainsi la vie des éléphantassins en lutte contre les soldalligators et les serpentalons, plusieurs élèves volontaires proposèrent de l'exploiter ensuite sur d'autres contraintes :

A. Acrostiche de phrases

ÉLÉPHANTASSIN

En barrissant, les éléphantassins saccagent tout sur leur passage. **L**es plus forts et les plus gros sont devant. **É**videmment, les lions et les tigres se croient comme toujours les rois de la jungle, alors qu'ils se font massacrer. **P**ardon, excusez-nous, nous avons oublié de vous dire que les éléphantassins sont des soldats armés. **H**iboux et chouettes les effraient quand ils marchent dans la nuit. **A**peurés par ces drôles d'éléphants, les alligators et les caïmans se cachent sous l'eau. **N**aturellement, ces crocodiles échappent aux éléphantassins car ces derniers ne vont pas sous l'eau. **T**héoriquement, les éléphantassins vivent dans les endroits les plus secrets de la jungle. **A**rrivés devant la rivière, ils boivent un coup avec leurs trompes. **S**e battant contre les autres animaux, ils gagnent beaucoup de territoires. **S**ouriant après leurs victoires, ils rentrent chez eux en se tournant les pouces. **I**ls sont très fatigués le soir et ils s'endorment très vite. **N**e nous remerciez pas de vous avoir renseignés sur ces animaux de la jungle !

PRÉCISION UTILE
Ces élèves travaillèrent sans aide, s'étant isolés dans une salle voisine.

B. Acromonogrammaticum (lettre à lettre)

Les éléphantassins sont de gros éléphants armé**s**. **S**ûrs d'eux-mêmes, ils attaquent tous les habitants de la jungl**e**. **É**videmment, après leurs victoires, ils se couchent tard. « Demi-tour ! » ordonne souvent le chef de la troupe. En chuchotant, les éléphantassins se préparent à attaquer d'autres ennemis. Sous les cocotiers, ils reçoivent parfois des noix de coco que leur lancent les singes en guise d'accueil. Les macaques rigolent, mais les éléphantassins n'apprécient pas cette farce. Et pour se venger, ils fusillent les farceurs avec leurs bazookas ou ils les asphyxient avec une bombe lacrymogène. Et alors, d'un pas assuré, ils rentrent chez eux et s'endorment. Théoriquement, ils font de beaux rêves jusqu'au lendemain matin.

MÊME REMARQUE
Durée du travail : 25-30 minutes.

C. Vers octosyllabiques (durée : 25 minutes)

LES ÉLÉPHANTASSINS

Ce sont des soldats très armés.
Ils sont féroces et malins.
Ils n'hésitent pas à frapper.
Leurs journées sont très
encombrées.
Eh bien ! Passons à leur histoire.
Un jour, ils se sont levés tôt
Et ont pris un bon café noir.
Mais voilà que leurs ennemis
Attaquèrent leur territoire.
C'étaient, bien sûr, les caïmans
Qui avaient de très longues dents
Et qui voulaient les dévorer.
Ils étaient tellement nombreux
Que les éléphants se fâchèrent.
Ils s'armèrent de bazookas,
De canons et de carabines,
Et mitraillèrent l'ennemi.
Les caïmans désespérés
S'enfuirent en rampant très vite
Et plongèrent dans la rivière.
Les éléphantassins heureux
Firent la fête sur la rive.
Ils dansaient, ils étaient très
lourds.
Et les caïmans se disaient
Qu'il valait mieux les voir de loin
Que de les avoir sur le dos !

D. Acrostiche abécédaire pastichant le combat de frère Jean des Entommeures de Rabelais (durée 20 minutes)

LA GRANDE BATAILLE ENTRE LES ÉLÉPHANTASSINS ET LES CAÏMANDARINES

Attaqués par les caïmandarines, les éléphantassins attrapèrent leurs armes. **B**eaucoup avaient des fusils, mais plusieurs avaient des bazookas et même des canons. **C**aïmandarines et crocodiles de France arrivaient en rampant derrière les buissons. **D**oucement, ils encerclaient les éléphantassins. **E**n criant, ces derniers sortirent de chez eux.

– **F**usillez ces sales caïmandarines ! barrissait leur chef.

– **G**are aux éléphantassins ! criaient les crocodiles, les caïmans et les alligators.

Horriblement, le combat commença. **I**l y avait des éléphantassins qui écrasaient des crocodiles comme des galettes. **J**oyeusement, ils les piétinaient. **K**.O., les crocodiles ! **L**es éléphantassins tiraient dans le tas. **M**alheureux crocodiles !

– **N**ous allons les massacrer tous ! criaient les éléphantassins en colère.

Ôtez-vous de là, brigands !

– **P**itié, pitié ! disaient les caïmans en versant des larmes de crocodile.

Quel carnage ! **R**ageusement, les éléphantassins décapitaient les ennemis, leur arrachaient les membres ou leur faisaient éclater le ventre !

– **S**auve-qui-peut ! cria tout à coup le chef des caïmans.

Tous les crocodiles, caïmans et alligators se mirent à courir vers la rivière. **U**ne grande bousculade eut lieu sur le sentier. **V**aillamment, les éléphantassins les poursuivirent et en tuèrent encore une centaine.

– **W**agonnez les blessés ! criait le chef des caïmans aux infirmiers.

Xénophobes, les éléphantassins n'aimaient pas les crocodiles parce que c'étaient des étrangers.

– **Y**é ! Yé ! chantaient-ils en tirant des coups de fusil sur eux. **Z**igouillez-les tous !

Conclusion

Ce cahier se termine. On constatera qu'à partir de huit jeux de multiples variantes permettent de travailler la langue, de la simple lettre au discours parlé ou écrit – la culture en prime.
D'autres jeux offrent d'autres richesses ; gardons-les pour une prochaine fois, et en attendant… bon courage !

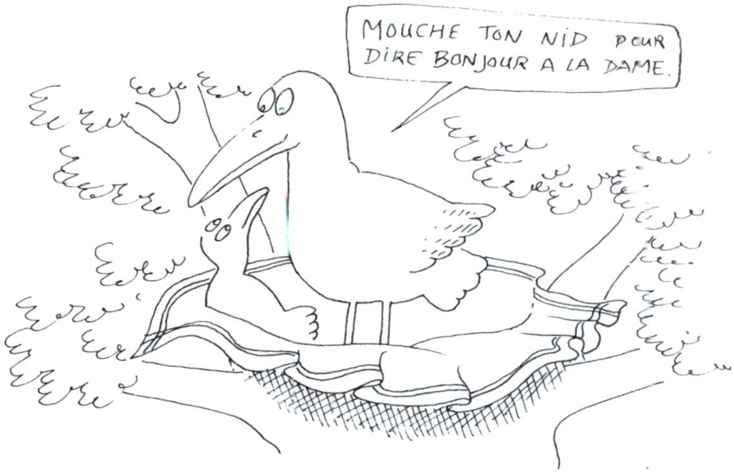

Achevé d'imprimer en février 2004
sur les presses de l'Imprimerie Campin 2000
à Tournai - Belgique
Dépôt légal : mai 1998
N° de projet : 10112781